Gymnasium Bayern

Deutschbuch

Arbeitsheft 7

Rechtschreibung
Grammatik
Aufsatztraining
Arbeitstechniken
Grundwissen sichern

Herausgegeben von
Wilhelm Matthiessen (München),
Bernd Schurf (Neuss) und
Wieland Zirbs (Passau)

Erarbeitet von
Christl Ostertag (München),
Annegret Schneider (München) und
Konrad Wieland (Passau)

Cornelsen

Inhaltsverzeichnis

☆ *Aufgaben mit erhöhtem Schwierigkeitsgrad*

Du kannst dieses Arbeitsheft auch bei der ***Freiarbeit*** *verwenden. Mit dem* ***Lösungsheft*** *kannst du deine Lernergebnisse selbst überprüfen.*

Informationen beschaffen

! **Recherche** (frz.: Nachforschung, Ermittlung) bedeutet, in allen zugänglichen Medien (z. B. Lexika, Sach- und Fachbücher, Internet) gezielt und themenorientiert nach Informationen zu suchen.

1 *Du hast gelernt, mit Nachschlagewerken zu arbeiten.*
a) Notiere, in welchen der unten aufgeführten Nachschlagewerken du die jeweilige Information auf die folgenden Fragen findest, und trage die entsprechende Ziffer ein.
b) Informiere dich dann in den entsprechenden Nachschlagewerken und beantworte die Fragen in Stichworten.

Wann wurde Mozart geboren? [ ] ______________________

Was ist ein Stabreim? [ ] ______________________

Wann fand die Potsdamer Konferenz statt? [ ] ______________________

Wer erfand die Glühlampe? [ ] ______________________

Was ist ein Dreiklang? [ ] ______________________

Was ist eine Hieroglyphe? [ ] ______________________

Woher stammt das Wort Klient? [ ] ______________________

Welche Schreibung für Mikrofon ist ebenfalls korrekt? [ ] ______________________

1 Allgemeines Lexikon/Enzyklopädie
2 Fachlexikon Musik
3 Rechtschreibwörterbuch
4 Fremdwörterbuch
5 Herkunftswörterbuch
6 Fachlexikon Geschichte

TIPP
Als Informationsquelle kannst du unterschiedliche Medien (Sg.: das Medium) nutzen: **Printmedien** (z. B. Bücher, Zeitschriften) oder **audio-visuelle Medien:** (z. B. Fernsehen). Das **Internet** ist eine Mischform.

2 *Stelle die Vorteile und Probleme im Umgang mit den verschiedenen Medien in der Tabelle dar.*

Medium	Vorteile	Probleme
Bücher		
Zeitungen		
Zeitschriften		
TV-Sendungen		
Hörfunk		
CD-ROM		
Internet		

Visualisierungstechniken

Die Ballade „Die Füße im Feuer“ spielt in Frankreich im 16. Jahrhundert, zur Zeit der Hugenottenverfolgungen. In einer Gewitternacht sucht ein Reiter Unterschlupf auf einem Schloss. Im Ahnensaal dieses Schlosses erkennt er mit Schrecken, dass er an diesem Ort drei Jahre zuvor schon einmal gewesen ist.

Conrad Ferdinand Meyer

Die Füße im Feuer

Wild zuckt der Blitz. In fahlem Lichte steht ein Turm.
Der Donner rollt. Ein Reiter kämpft mit seinem Ross,
Springt ab und pocht ans Tor und lärmt. Sein Mantel saust
Im Wind. Er hält den scheuen Fuchs am Zügel fest.
Ein schmales Gitterfenster schimmert goldenhell,
Und knarrend öffnet jetzt das Tor ein Edelmann ...

– „Ich bin ein Knecht des Königs, als Kurier geschickt
Nach Nîmes[1]. Herbergt mich! Ihr kennt des Königs Rock!“
– „Es stürmt. Mein Gast bist du. Dein Kleid, was kümmert's mich?
Tritt ein und wärme dich! Ich sorge für dein Tier!“
Der Reiter tritt in einen dunkeln Ahnensaal,
Von eines weiten Herdes Feuer schwach erhellt,
Und je nach seines Flackerns launenhaftem Licht
Droht hier ein Hugenott[2] im Harnisch[3], dort ein Weib,
Ein stolzes Edelweib aus braunem Ahnenbild ...
Der Reiter wirft sich in den Sessel vor dem Herd
Und starrt in den lebend'gen Brand. Er brütet, gafft ...
Leis sträubt sich ihm das Haar. Er kennt den Herd, den Saal ...
Die Flamme zischt. Zwei Füße zucken in der Glut.

Den Abendtisch bestellt die greise Schaffnerin[4]
Mit Linnen blendend weiß. Das Edelmägdlein hilft.
Ein Knabe trug den Krug mit Wein. Der Kinder Blick
Hangt schreckensstarr am Gast und hangt am Herd entsetzt ...
Die Flamme zischt. Zwei Füße zucken in der Glut.

– „Verdammt! Dasselbe Wappen! Dieser selbe Saal!
Drei Jahre sind's ... Auf einer Hugenottenjagd ...
Ein fein, halsstarrig Weib ‚Wo steckt der Junker? Sprich!‘
Sie schweigt. ‚Bekenn!‘ Sie schweigt. ‚Gib ihn heraus!‘ Sie schweigt.
Ich werde wild. *Der* Stolz! Ich zerre das Geschöpf ...
Die nackten Füße pack' ich ihr und strecke sie
Tief mitten in die Glut ...‚Gib ihn heraus!‘ ... Sie schweigt ...
Sie windet sich ... Sahst du das Wappen nicht am Tor?
Wer hieß dich hier zu Gaste gehen, dummer Narr?
Hat er nur einen Tropfen Bluts, erwürgt er dich.“
Eintritt der Edelmann. „Du träumst! Zu Tische, Gast ...“

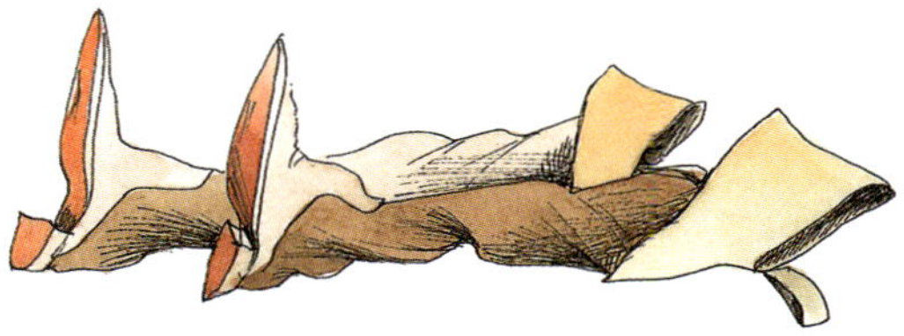

Da sitzen sie. Die drei in ihrer schwarzen Tracht
Und er. Doch keins der Kinder spricht das Tischgebet.
Ihn starren sie mit aufgerissnen Augen an –
Den Becher füllt und übergießt er, stürzt den Trunk,
Springt auf: „Herr, gebet jetzt mir meine Lagerstatt!
Müd bin ich wie ein Hund!“ Ein Diener leuchtet ihm,
Doch auf der Schwelle wirft er einen Blick zurück
Und sieht den Knaben flüstern in des Vaters Ohr ...
Dem Diener folgt er taumelnd in das Turmgemach.

Fest riegelt er die Tür. Er prüft Pistol und Schwert.
Gell pfeift der Sturm. Die Diele bebt. Die Decke stöhnt.
Die Treppe kracht ... Dröhnt hier ein Tritt'? Schleicht dort ein Schritt? ...
Ihn täuscht das Ohr. Vorüber wandelt Mitternacht.
Auf seinen Lidern lastet Blei, und schlummernd sinkt
Er auf das Lager. Draußen plätschert Regenflut.

Er träumt. „Gesteh!“ Sie schweigt. „Gib ihn heraus!“ Sie schweigt.
Er zerrt das Weib. Zwei Füße zucken in der Glut.
Aufsprüht und zischt ein Feuermeer, das ihn verschlingt ...
– „Erwach'! Du solltest längst von hinnen sein! Es tagt!“
Durch die Tapetentür in das Gemach gelangt,
Vor seinem Lager steht des Schlosses Herr – ergraut,
Dem gestern dunkelbraun sich noch gekraust das Haar.

Sie reiten durch den Wald. Kein Lüftchen regt sich heut.
Zersplittert liegen Ästetrümmer quer im Pfad.
Die frühsten Vöglein zwitschern, halb im Traume noch.
Friedsel'ge Wolken schwimmen durch die klare Luft,
Als kehrten Engel heim von einer nächt'gen Wacht.
Die dunkeln Schollen atmen kräft'gen Erdgeruch.
Die Ebne öffnet sich. Im Felde geht ein Pflug.
Der Reiter lauert aus den Augenwinkeln: „Herr,
Ihr seid ein kluger Mann und voll Besonnenheit
Und wisst, dass ich dem größten König[5] eigen bin.
Lebt wohl. Auf Nimmerwiedersehn!“ Der andre spricht:
„Du sagst's! Dem größten König[6] eigen! Heute ward
Sein Dienst mir schwer ... Gemordet hast du teuflisch mir
Mein Weib! Und lebst! ... Mein ist die Rache, redet Gott.“

[1] **Nîmes**: Stadt in Südfrankreich, Hauptsitz der Hugenotten
[2] **Hugenott**: fromme Protestanten (Calvinisten) des 16.–18. Jh.s
[3] **Harnisch**: mittelalterliche Rüstung
[4] **Schaffnerin**: Verwalterin

[5] **König**: hier gemeint – der französische König
[6] **König**: hier gemeint – Gott

!

Mithilfe von Visualisierungstechniken (lat. videre = sehen) kannst du Inhalte gut veranschaulichen (▷ S. 5–6).

Mind-Map

Eine Mind-Map („Gedanken-Landkarte") hat in der Mitte einen zentralen Begriff, um den ein Kasten oder Kreis gezogen wird. Dieser Begriff gibt das **Thema** an.
Von der Mitte aus werden zunächst dicke Striche (Pfade) gezeichnet, auf die in Großbuchstaben die **Oberbegriffe** geschrieben werden.
Von den Oberbegriffen führen weitere, dünnere Linien zu den **Unterbegriffen**, die mit einem knappen Stichwort bezeichnet werden.
Bilder, Symbole und Farben können wichtige Bestandteile einer Mind-Map sein.

3 a) *Lies die Ballade auf S. 4 genau.*
b) *Ergänze die Mind-Map mit eigenen Vorschlägen.*

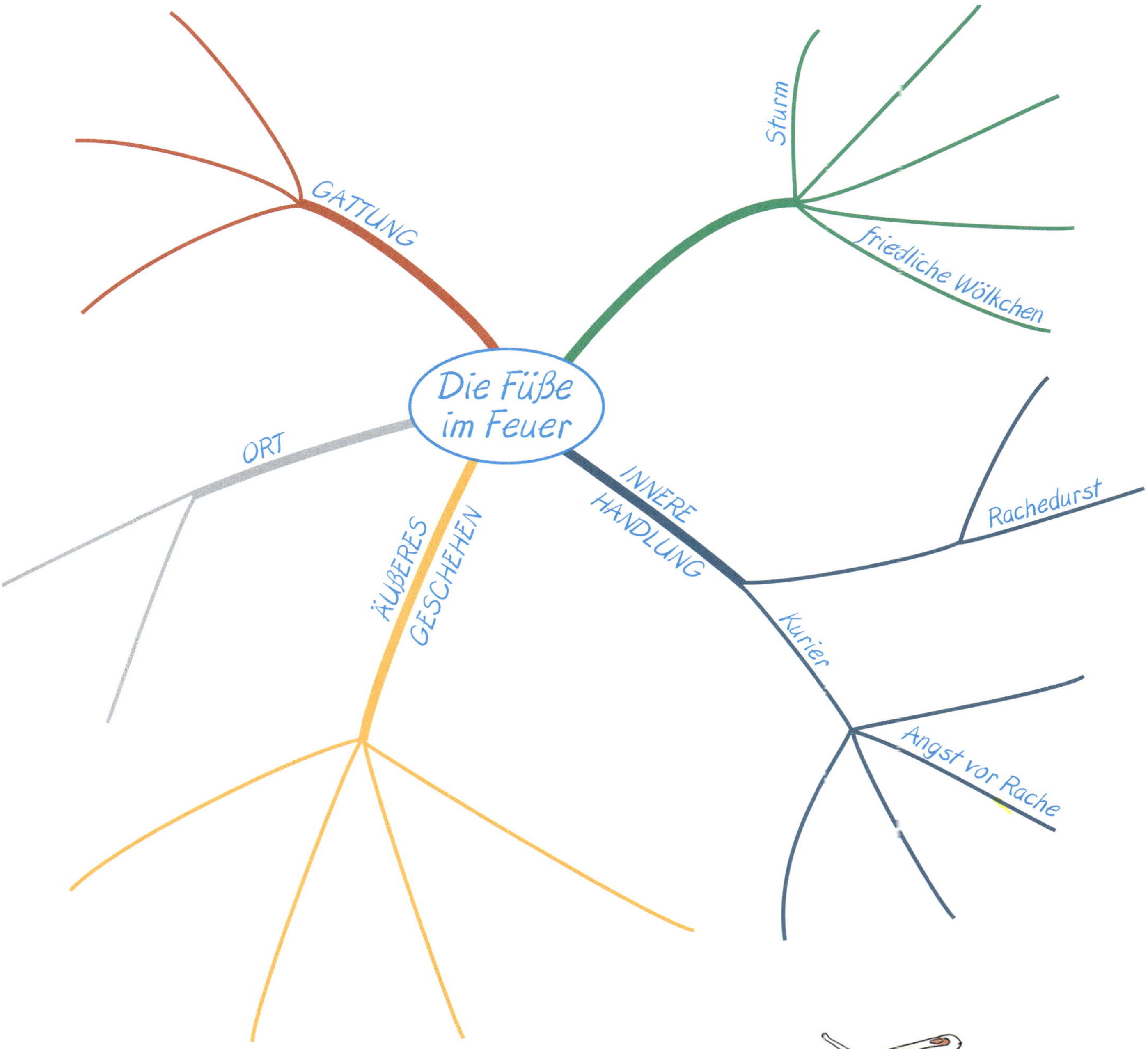

!

Zeitleiste
Um dir einen besseren **Überblick über den Ablauf der Ereignisse** zu verschaffen, kannst du eine Zeitleiste anfertigen.
Auf einem Pfeil, welcher den Fortgang des Geschehens verdeutlicht, trägst du zunächst das **Datum**, dann das entsprechende **Ereignis** ein, sodass sich eine chronologische Ordnung ergibt.

4 *Ergänze die Zeitleiste zu der Ballade „Die Füße im Feuer" (S. 4). Bedenke dabei, dass die Geschichte in der Ballade nicht chronologisch erzählt wird.*

vor drei Jahren — drei Jahre später: Abend — ________ — ________

Folterung einer
Schlossherrin

!

Diagramm
Die **Beziehungen zwischen literarischen Figuren eines Textes** können in einem Diagramm wiedergegeben werden. Dafür suchst du die Namen aller im Text vorkommenden Personen heraus und schreibst sie auf. Zeichne dann zwischen den Personen Verbindungslinien, die Abhängigkeiten, Einflüsse, Probleme, Beziehungen verdeutlichen etc. Achte darauf, die Namen der Personen so anzuordnen, dass sich die Verbindungen möglichst wenig überschneiden.

5 *Erstelle ein Beziehungsdiagramm zu der Ballade „Die Füße im Feuer" (▷ S. 4).*
a) Trage die Namen aller wichtigen Personen in die Kreise ein.
b) Bestimme nun die Beziehungen der Personen zueinander, indem du Verbindungslinien zwischen ihnen einzeichnest:

= gute Beziehung

= förmliche Beziehung

= gestörte Beziehung

c) Beschrifte nun jede Verbindungslinie mit einem aussagekräftigen Wort.

Einen Kurzvortrag vorbereiten

!

Ein Kurzvortrag dauert fünf bis zehn Minuten. Er informiert über einen begrenzten Sachverhalt. Folgende Arbeitsschritte gehören dazu:
1. Ideen und Fragen zum Thema sammeln,
2. Informationen sammeln und auswerten,
3. Stichworte aufschreiben und ordnen,
4. einen Stichwortzettel anlegen,
5. Einleitung, Hauptteil und Schluss planen.

Einen Wandertag nach Augsburg vorbereiten

Die Schülerinnen und Schüler der Klasse 7a freuen sich auf ihren nächsten Wandertag. Nach regen Diskussionen soll nun Augsburg das Ziel sein. Zur Vorbereitung will die Klasse Material über die Stadt und Anregungen für gemeinsame Unternehmungen sammeln und auswerten. Die Ergebnisse sollen in Kurzvorträgen vorgestellt werden. Das Thema lautet: „Augsburg ist einen Ausflug wert."

1 *„Was wollt ihr in Augsburg unternehmen?" Schreibe zu dieser Frage Ideen in Stichworten auf; du kannst deine Stichworte auch auf Karten schreiben und an die Pinnwand heften.*

2 *Leite aus deinen Stichworten Fragen ab, die in dem Kurzvortrag beantwortet werden sollen. Notiere deine Fragen:*

Welche interessanten Gebäude gibt es in Augsburg?

Geschichte der Stadt Augsburg

Die folgenden Texte aus einem Stadtführer und aus dem Internet enthalten Wissenswertes über die Stadt Augsburg und ihre Besonderheiten.

Martin Kluger
Augsburg

Als zweitälteste deutsche Stadt und als älteste Bayerns wurde „Augusta Vindelicum" im Jahr 15 vor Christus von den Römern am Zusammenfluss von Lech und Wertach gegründet. Wenige Jahre später war „Augusta Vindelicorum" bereits die glänzende Provinzhauptstadt Rätiens. 955 verteidigte Bischof Ulrich Augsburg in der Schlacht auf dem nahen Lechfeld erfolgreich gegen die Ungarn.

1432 erlebte die Stadt eine tragische Liebesgeschichte. Der Wittelsbacher Herzog Albrecht III. verliebte sich in die schöne Baderstochter Agnes Bernauer, heiratete sie heimlich – ihr Schwiegervater ließ sie deshalb drei Jahre später nach einem Schauprozess als Hexe bei Straubing in der Donau ertränken.

Jakob Fugger, dessen Familie bereits lange in Augsburg ansässig war, baute im 16. Jahrhundert ein die Welt umspannendes Handels- und Finanzimperium auf. Er profitierte von der günstigen Lage Augsburgs zwischen dem Norden Deutschlands und Italien. Entlang der früheren Kaiserstraße „Via Claudia Augusta", die über die Alpen bis Norditalien führte, wurde mit Textilien und Luxusgütern gehandelt. Jakob Fugger finanzierte Päpste, Kaiser, Könige und stiftete die älteste Sozialsiedlung der Welt – die Fuggerei. 1546 galt Anton Fugger als der reichste Mann der Welt.

3 a) *Lies den Text genau.*
b) *Markiere die Stellen, die auf die folgende Frage antworten: „Was ist das Besondere an Augsburg?" Verwende dabei auch Randzeichen für wichtige Textstellen, unverständliche Textpassagen und unbekannte Begriffe, die du nachschlagen musst.*

!	*wichtig*
?	*unverständlich*
Lex.	*nachschlagen*

c) *Schlage die unbekannten Begriffe in einem Lexikon nach. Notiere dann die wichtigsten Informationen aus dem Text in der Randspalte.*

Berühmter Augsburger: Bertolt Brecht (Rudolf Schlichter [1890–1955], Öl)

Sehenswürdigkeiten der Stadt Augsburg

Zu Augsburgs Sehenswürdigkeiten zählen drei Brunnen, die zu den schönsten Kunstwerken Europas gerechnet werden.

Martin Kluger
Drei Prachtbrunnen

Als das 16. Jahrhundert zu Ende ging, gönnte der Augsburger Rat seinem Stadtzentrum eine Verschönerung. In den Jahren zwischen 1588 und 1602 wurden die gefragtesten Baumeister der Zeit damit beauftragt. Den Anfang machte der Augustusbrunnen, fertiggestellt 1594. Der Stadtgründer ist rund zweieinhalb Meter groß in majestätischer Pose dargestellt. Er wirkt, als hielte er eine Ansprache an das Heer. Auf dem Beckenrand charakterisieren Skulpturen die vier Flussgötter: „Vater" Lech mit Fichtenzapfen, Wolfsfell und Ruder als Zeichen für Wald, Jagd und Flößerei, „Mutter" Wertach mit einer Ährenkrone und einem Zahnradviertel als Hinweis auf die Mühlwerke sowie Singold und Brunnenlech. Inschriften des Marmorsockels verweisen auf die Stadtgründung im Jahr 15 v. Chr. und auf Kaiser Rudolf I., in dessen Regierungszeit dieser erste Prachtbrunnen errichtet wurde. 1599 wurde der Merkurbrunnen fertiggestellt. Der antike Schutzgott der Kaufleute und Händler (wie der Diebe) steht für den Aufstieg Augsburgs zur Welthandelsmacht. Der Herkulesbrunnen (1602) verdeutlicht wohl das Handwerk, das sich Augsburgs Wasserreichtum zunutze macht. Der Halbgott erschlägt mit der Flammenkeule die neunköpfige Wasserschlange Hydra.

4 *a) Lies den Text gründlich, markiere die zentralen Informationen und notiere wichtige Stichwörter am Rand.*
b) Sortiere die Stichwörter und trage sie auf den Notizzetteln ein.

Augustusbrunnen:

Merkurbrunnen (1599):

Herkulesbrunnen:

Einen Stadtrundgang planen

Wenn man eine fremde Stadt besuchen will, braucht man einen Stadtplan. Du kannst jetzt üben, wie man ihn bei der Vorbereitung auf einen Kurzvortrag nutzt.

5 *Markiere im Stadtplan, welche Sehenswürdigkeiten du zeigen willst.*
Lege die Reihenfolge des Besichtigungsprogramms fest und markiere den Verlauf des Besichtigungsweges.

Du willst als Stadtführer oder Stadtführerin die Sehenswürdigkeiten zeigen.

Die Fuggerei

6 *a) Nummeriere die Karteikarten in der geplanten Reihenfolge deines Rundgangs.*
b) Der Höhepunkt des Stadtrundgangs soll der Besuch der Annakirche sein. Informiere dich selbstständig mithilfe eines Stadtführers – z. B. aus der Stadtbibliothek – oder des Internets (www.augsburg.de) über die Annakirche und ergänze dann die Informationen auf der entsprechenden Karteikarte.

☐ Fuggerei:
Die älteste Sozialsiedlung der Welt, gestiftet von Jakob Fugger, dem Reichen, und Anton Fugger.

☐ Römisches Museum:
In der Kirche eines Dominikanerklosters: Funde aus der zweitältesten deutschen Stadt, die glanzvolle Provinzhauptstadt Rätiens war.

☐ Das Rathaus:
Das von Elias Holl errichtete Rathaus ist der wichtigste Renaissancebau der Stadt.

☐ Ulrichsbasilika:
Der zweitgrößte Kirchenbau der Stadt, Grabstätte der Heiligen Ulrich, Afra, Simpert.

☐ Annakirche:
Die evangelische Kirche beherbergt Grabkapelle der katholischen Fugger, weil ...

____

____

____

☐ Maximiliansstraße:
Prachtstraße mit Rathaus, drei Renaissancebrunnen, den Fuggerhäusern, dem Schaetzlerpalais und den beiden Ulrichskirchen.

☐ Dom:
Kern aus dem 11. Jahrhundert.

☐ Brechts Geburtshaus:
In der Handwerkeraltstadt wurde 1898 Bertolt Brecht geboren. Das Haus beherbergt eine Brecht-Gedenkstätte.

c) Fasse dein Besichtigungsprogramm zusammen, in dem du das folgende Blatt um deine Auswahl an Sehenswürdigkeiten ergänzt:

Augsburg ist einen Ausflug wert!

Beginn ______________________________

Von dort aus ______________________________

____

Anschließend ______________________________

____

____

Zum Schluss ______________________________

TIPP

Einen Stichwortzettel anlegen
Ein Stichwortzettel hilft dir, zu einem Thema frei und dennoch zusammenhängend zu sprechen.
Schreibe nur Stichworte auf, die für das Thema wichtig sind. Beachte die Reihenfolge, in der du deine Gedanken vortragen möchtest. Schreibe übersichtlich, damit du die Stichworte beim Sprechen schnell findest.
Notiere auch, welches Anschauungsmaterial du benutzen willst.

7 *Dieser Stichwortzettel ist noch nicht ganz vollständig. Ergänze ihn. Verwende dazu deine Notizen von S. 7–11.*

Oberpunkte	Unterpunkte	Anschauungsmaterial
Geschichte der Stadt:	Stadtgründung:	
	Via Claudia Augusta	Karte
		Bilder
Sehenswürdigkeiten:	Fuggerei	
Berühmte Augsburger:	Fugger	Porträt
	Bertolt Brecht	

Den Kurzvortrag gliedern

TIPP

Damit deine Mitschüler aufmerksam zuhören, brauchst du eine interessante **Einleitung**.
Diesen „Einstieg" kannst du wörtlich notieren.

8 A *„**Max**: „Ihr wisst, dass ich begeisterter ‚Lateiner' bin. Augsburg ist die ideale Stadt für mich, weil es dort viel aus der Römerzeit zu sehen gibt …"*

B ***Anna**: „Wir sollten unseren Ausflug nach Augsburg machen. Warum, das werdet ihr erfahren, wenn ihr mir aufmerksam zuhört …"*

C ***Matthias**: „Ich habe das Internet genutzt und einen Reiseführer gelesen, um etwas über Augsburg zu erfahren. Das ist eine interessante Stadt, denn …"*

a) *Vergleiche die Einleitungen miteinander. Überlege, was mit der jeweiligen Einleitung erreicht werden soll. Ordne die Aussagen zu:*

- ☐ *Gibt das Ziel des Vortrags an.*
- ☐ *Geht von seinen eigenen Interessen aus.*
- ☐ *Nennt das Thema und gibt an, woher die Informationen stammen.*

b) *Überlege dir selbst eine weitere Möglichkeit, wie du den Vortrag beginnen könntest. Schreibe sie in dein Heft.*

TIPP

Zum Schluss kannst du auf das Ziel oder Thema deines Kurzvortrages noch einmal zurückkommen. Dazu solltest du **die wichtigsten Aussagen zusammenfassen**. Auf dem Stichwortzettel vermerkst du wörtlich, wie du deinen Vortrag abschließen möchtest.

9 *Max hat sich für folgenden Schluss entschieden: „Ich denke, ihr könnt verstehen, dass ich mich auf Augsburg freue." Wie würdest du deinen Vortrag beenden? Schreibe eine Möglichkeit in dein Heft.*

Beschreiben

Wenn man etwas beschreibt (Personen, Bilder, Gegenstände, Orte oder Vorgänge), kommt es auf die **Genauigkeit** der Beobachtung und der Darstellung an. Jemand, der das Beschriebene nicht kennt, muss es sich genau vorstellen oder es erkennen können.
Die **Sprache** ist sachlich. Bemühe dich um passende treffende Adjektive, Verben und Vergleiche, um die Beschreibung so anschaulich wie möglich zu gestalten.
Die **Reihenfolge**, mit der man die Hauptmerkmale und Einzelheiten beschreibt, sollte durchdacht sein (vom Auffallenden zu Details, vom Allgemeinen zum Besonderen, vom ersten Arbeitsschritt zum letzten).
Einzelne Bereiche werden zusammenhängend beschrieben.
Die **Zeitform** ist das Präsens.

TIPP

Wenn du eine **Person beschreibst**, ist es wichtig, das Typische und Auffällige hervorzuheben. Zweck und Adressat (z. B. Fahndung, Porträt) entscheiden, welche Angaben gemacht werden und welcher Schreibstil angemessen ist (z. B. sachlich, knapp, gefühlvoll, ausführlich).

Thomas Mann

Die Figur des Lorenzo

Giorgio Vasari (1511–1573): Lorenzo de' Medici (1550, Öl)

Er ist hässlich: von olivengelber Gesichtsfarbe und finsterem Ausdruck, der durch die Falte zwischen seinen Brauen hervorgerufen wird. Sein breites, flaches Antlitz zeigt eine eingedrückte Nase und einen großen vorspringenden Mund mit weichen Winkeln. Seine Wangen sind, von der Nase bis zum abgemagerten Kinn, von zwei tiefen und schlaffen Furchen durchzogen, die dadurch noch sichtbarer werden, dass er, unfähig, durch die Nase zu atmen, die Lippen stets geöffnet hält. Aber seine Augen, als er erwacht, sind trotz seiner Schwäche feurig und klar und scheinen mit ihrem Blick Menschen und Gegenstände fest und inbrünstig[1] zu umfassen; seine hohe und ereignisvolle[2] Stirn triumphiert über die Unschönheit seiner Züge; und seine Bewegungen sind auch im Affekt[3] von vollendeter Vornehmheit. Zuweilen kann auf seinem verwüsteten Gesicht, von innen heraus, ein Ausdruck hinreißend harmloser Lustigkeit hervorbrechen, der es gänzlich zu entsündigen[4] und kindlich zu verklären scheint. Er trägt ein faltiges und pelzverbrämtes[5], schlafrockartiges Gewand, das um seinen gedrungenen Hals hoch geschlossen ist. Sein braunes, von weißen Fäden durchzogenes, in der Mitte gescheiteltes Haar fällt ihm leicht gewellt in die Wangen und das Genick.

[1] **inbrünstig**: mit Nachdruck [2] **ereignisvoll**: bewegt, ausdrucksvoll [3] **Affekt**: Erregung [4] **entsündigen**: hier: aufhellen [5] **pelzverbrämt**: mit Pelz besetzt

1 *Die Regieanweisung aus Thomas Manns einzigem dramatischen Versuch „Fiorenza“ (1906) enthält zahlreiche Adjektive bzw. adjektivisch gebrauchte Partizipien. Unterstreiche sie*
- ***rot***, *wenn sie als Attribut,*
- ***grün***, *wenn sie als adverbiale Bestimmung,*
- ***blau***, *wenn sie als Prädikativ verwendet werden.*

2 *Verfasse eine Beschreibung der abgebildeten Person.*
a) Beschreibe die Kleidung in Stichworten.

Albrecht Dürer (1471–1528): Jakob Fugger der Reiche (1500)

Kopfbedeckung: ______________________________

____

Hemd: ______________________________

____

Mantel: ______________________________

____

b) Unterstreiche passende Adjektive.

1. **Gesichtsform**: länglich, rundlich, oval, kantig
2. **Stirn**: flach, gewölbt, hoch, niedrig
3. **Nase**: schmal, breit, kurz, lang, gerade, krumm, stupsnasig, kräftig
4. **Augen/Augenausdruck**: eng beieinander, vorstehend, strahlend, streng, traurig, freundlich
5. **Augenbrauen**: buschig, geschwungen, gezupft, zusammengezogen, zusammengewachsen
6. **Wangen**: eingefallen, pausbäckig, blass, gerötet
7. **Mund und Lippen**: breit, schmal, wulstig, voll, rot, zusammengepresst, aufgeworfen
8. **Kinn**: spitz, markant, rund, vorgeschoben, fliehend

c) Halte den Gesamteindruck der abgebildeten Person mit eigenen Worten fest.

____

____

3 *Formuliere nun eine zusammenhängende Personenbeschreibung in deinem Heft.*
Achte bei deiner Wortwahl darauf, dass du die Verben „haben“ und „sein“ nicht zu oft verwendest.

4 *In diesem Buch ist eine Reihe von Bildern abgedruckt. Wähle ein Bild aus und betrachte es genau.*
Beschreibe das Bild in deinem Heft.

TIPP

Wenn du **Bilder beschreibst**, sollte die Reihenfolge klar geordnet sein:
- Nenne zuerst Titel, Maler, Jahr und (wenn möglich) Technik.
- Beschreibe den ersten Eindruck: Was ist dargestellt? Welche Stimmung drückt das Bild aus?
- Gehe auf den Bildgegenstand näher ein: Unterscheide Wesentliches von Details, links von rechts, oben und unten, vorne und hinten.
- Bestimme den Bildaufbau: Worauf wird der Blick gelenkt?
- Benenne die verwendeten Farben und Formen möglichst genau: Welche Wirkung haben sie?
- Beschreibe den Gesamteindruck des Bildes und seine Wirkung auf den Betrachtenden.

TIPP

Wenn du einen **Ort beschreibst**, muss deutlich werden, um welche Art von Ort es sich handelt. Achte auf das Aussehen der Gebäude sowie ihre Anordnung und Funktion, auf Menschen, Gegenstände, Pflanzen und Tiere und auch auf Stimmungen.

Thomas Morus

Die Stadt Amauratum

Amauratum also liegt an dem sanften Abhang eines Berges. Der Grundriss der Stadt ist fast quadratisch, denn in der Breite erstreckt sie sich, etwas unterhalb der Spitze des Hügels beginnend, zwei Meilen bis zum Flusse Anydrus, längs des Ufers etwas weiter. Sie haben außerdem noch einen anderen, zwar nicht sehr tiefen, jedoch sehr ruhigen und vorteilhaften Fluss.

Eine hohe und breite Mauer mit zahlreichen Türmen und Vorwerken umgibt die Stadt. Ein trockener, aber tiefer und breiter und durch Verhaue von Dornensträuchern unzugänglich gemachter Graben zieht sich an drei Seiten um die Mauern; an der vierten dient der Fluss selbst als Wallgraben. Die Straßen sind zweckmäßig angelegt: sowohl günstig für den Verkehr als auch gegen die Winde geschützt. Die Häuser sind keineswegs unansehnlich. Die Fronten der Häuserblöcke trennt eine zwanzig Fuß breite Straße. An der Hinterseite zieht sich, jeweils den ganzen Block entlang, ein großer und durch die Rückseite der Blöcke an allen Seiten eingeschlossener Garten hin. Es gibt kein Haus, das nicht, genauso wie es sein Vordertor zur Straße hat, eine Hinterpforte zum Garten besitzt.

1 *a) Unterstreiche alle Verben mit einem **grünen** Stift.*
*b) Markiere die attributiven Adjektive mit **Rot**.*
Formuliere mit eigenen Worten, welche Aufgabe die attributiven Adjektive im Text haben.

Die Adjektive vermitteln einen Eindruck von

2 *Gliedere die Beschreibung in Abschnitte ⌐ und notiere am Rand für jeden Abschnitt eine passende Überschrift.*

3 *Fertige eine Zeichnung zu der Beschreibung an.*

4 *Verfasse nun selbst eine kurze Beschreibung deiner Heimatstadt.*

Erzählende Texte verstehen und zusammenfassen

!
Nur wenn du einen Text gut kennst, kannst du ihn wiedergeben.
Deshalb musst du ihn zunächst genau lesen.

Sigrid Heuck
Am Ufer des Flusses eine Leiche

Es begann damit, dass ich am Ufer des Flusses eine Leiche entdeckte. Zwei Männer hielten das schmale Floß, auf dem sie festgebunden war, doch ich konnte von meinem Standpunkt aus nicht erkennen, ob sie im Begriff waren, es an Land zu ziehen oder in die Strömung zu stoßen.

Der tote Mann trug einen roten Pullover und eine helle Hose, die von den Knien an abwärts deutlich dunkler wurde. Das sah so aus, als wäre er in seinen letzten Lebensminuten noch durch einen Sumpf gewatet. Unter seinem Gürtel steckte ein Stück Papier.

Der Fluss strömte gemächlich dahin. Nur ein kurzes Stück hinter der Stelle, an der sich die Leiche befand, teilte er sich in zwei Arme. Sie umschlossen eine felsige Insel, auf deren höchster Erhebung sich eine mächtige Burg befand. Hinter der Insel mündete der Fluss ins Meer. An seinem rechten Ufer, dort, wo das Land zurückbleiben musste und Wasser sich bis an die Grenzen des Himmels zu erstrecken begann, war eine Stadt zu erkennen.

Lange betrachtete ich den toten Mann und überlegte, wer er war und wie er gestorben sein könnte. War er ermordet worden? Was bedeutete das Papier, das unter seinem Gürtel steckte? War es ein Brief, ein Testament vielleicht, oder einfach nur ein leeres Blatt?

Je länger ich darüber nachdachte, umso mehr wurde der Gedanke, den Fall aufzuklären, zu einer fixen Idee, die mir heute noch wie eine Art von Verhexung vorkommt.

Es begann wie ein Stich in meinem Kopf und nahm langsam von mir Besitz wie eine Seuche, die sich zuerst kaum spürbar, doch unaufhaltsam in mir auszubreiten begann. Es fiel mir schwer, an etwas anderes zu denken. Alltägliche Ereignisse traten in den Hintergrund. Die Schule, das Zusammenleben mit meiner Mutter und alles andere verlor an Wichtigkeit. Vielleicht war es wirklich eine Art Verzauberung, denn das, was geschah, kommt mir heute wie ein geheimnisvolles Abenteuer vor, vielleicht auch wie eine Erweiterung meines Wahrnehmungsvermögens, die mit modernen naturwissenschaftlichen Erkenntnissen nicht zu erklären wäre. Und weil ich das Schweigen nicht mehr länger ertrage, mein Erlebnis aber auch niemandem erzählen kann, ohne dass man mich für verrückt erklärt, werde ich versuchen, alles aufzuschreiben. Möglicherweise tue ich das auch nur, um es später wieder zu zerreißen oder zu verbrennen, weil ich damit vielleicht auch alles vergessen kann, was gewesen ist.

Diese Niederschrift wird also der Versuch sein, meinen Seelenfrieden wiederzuerlangen, von dem ich hoffe, dass er gelingt, so oder so.

Als ich das bisher Geschriebene noch einmal durchlas, fiel mir auf, dass man annehmen könnte, ich hätte wirklich einen Toten am Flussufer gefunden. Gesehen habe ich ihn schon, allerdings nur auf einer der vielen Abbildungen in einem Bildband über einen niederländischen Maler, der zu Beginn des 16. Jahrhunderts in Antwerpen gelebt hatte. Das Buch hatte den Titel: „Patinir oder die Harmonie der Welt".

Mein erster Eindruck war, dass der Maler nur an Landschaften interessiert gewesen war. Erst bei genauerem Hinsehen entdeckte ich die kleinen Figuren der Mutter Gottes, der Heiligen Hieronymus und Antonius oder anderer biblischer Gestalten. Auf einem Bild trug der heilige Christophorus das Jesuskind über einen Fluss; genau dort, am linken Ufer, entdeckte ich den toten Mann auf dem Floß, eine Leiche, unter deren Gürtel ein Stück Papier steckte.

TIPP

Die **W-Fragen** helfen dir bei einer Textzusammenfassung – wie auch bei einem Bericht – zunächst die Informationen herauszufinden, die am wichtigsten sind.

1 *Beantworte die W-Fragen.*

Wer erzählt? ______

Was geschieht? ______

Wo findet das Erzählte statt? ______

Wann spielt das Erzählte? ______

2 *Um den Text zu verstehen, muss geklärt werden, welche Person sich hinter dem „Ich" verbirgt, das nicht mit dem Autor oder der Autorin gleichgesetzt werden darf.*

a) Unterstreiche mit einem ***grünen*** *Stift alle Informationen, die du über den Ich-Erzähler erhältst.*

b) Mit welcher Intention (Absicht) schreibt der Ich-Erzähler? Kreuze die zutreffende Antwort an.

Der Text soll

- ☐ der Polizei helfen, ein Verbrechen aufzuklären,
- ☐ zur Warnung anderer dienen,
- ☐ ein besonderes Verbrechen beschreiben,
- ☐ Wissen über Malerei vermitteln,
- ☐ dem Schreiber helfen, sich über seine Gedanken klarzuwerden.

c) Stelle Vermutungen über einen möglichen Adressaten an. Begründe deine Antwort.

3 *Sieh dir das Bild des Malers Patinir genau an.*

a) Suche alle Elemente auf dem Bild, die im Text auf S. 16 genannt werden, und markiere sie mit einem Kreuzchen.

b) Unterstreiche im Text auf S. 16 alle Informationen, die du über das dargestellte Bild entnehmen kannst.

Joachim Patinir (1480–1524): Der heilige Christophorus

!

Eine **Textzusammenfassung** informiert kurz und sachlich über den Inhalt des Textes.
Die **Einleitung** stellt Autor, Titel, Textart, Ort, Zeit und Personen sowie das Thema vor.
Im **Hauptteil** werden die Handlungsschritte in der logischen Reihenfolge wiedergegeben.
Zeitform ist das Präsens.
Direkte Rede wird als **indirekte Rede** wiedergegeben.

In dem Jugendbuch „Meister Joachims Geheimnis“ von Sigrid Heuck entdeckt ein Junge namens Peter Stensbeck auf einem Bild aus dem 16. Jahrhundert einen Toten. Er versucht hinter das Geheimnis des Toten zu kommen. Zunächst überlegt er, ob dieser etwas mit dem dargestellten Hauptmotiv – dem heiligen Christophorus – zu tun haben könnte. Deshalb entleiht er sich aus der Bücherei die „Legenda aurea“ des Jacobus von Voragine, die wichtigste Sammlung von Heiligenlegenden des Mittelalters. Dort findet er die Legende vom heiligen Christophorus:

Jacobus von Voragine
Der heilige Christophorus

1 Es war einmal ein Mann von gewaltiger Größe und schrecklichem Aussehen. Er hatte sich vorgenommen, dass er nur dem mächtigsten König dienen wollte. Nach langer Suche fand er einen Herrscher, von dem sich die Leute erzählten, dass er der mächtigste sei. Dieser König nahm ihn auch gleich in seine Dienste.

2 Eines Tages trat ein Spielmann am Hofe auf. Er sang ein Lied, in dem mehrere Male der Teufel erwähnt wurde. Da der König ein Christ war, schlug er bei jeder Erwähnung des Namens ein Kreuz. Der Riese fragte, was das zu bedeuten habe, und der König erklärte ihm: „Wenn jemand in meiner Gegenwart den Teufel beim Namen nennt, segne ich mich mit diesem Zeichen, weil ich ihn fürchte.“ Da erwiderte der Riese enttäuscht: „Wenn du den Teufel so fürchtest, dann ist er stärker als du. Da ich aber geschworen habe, nur den mächtigsten Herrn der Welt als meinen Herrn anzuerkennen, muss ich dich nun verlassen und den Teufel suchen, damit er mein Herr werde und ich sein Knecht.“ Danach ging er.

3 Bald darauf begegnete ihm in einer einsamen Gegend eine Schar wilder Reiter. Einer von ihnen war besonders schrecklich anzusehen. „Wohin gehst du?“, fragte er den Riesen, und der erklärte ihm, dass er auf der Suche nach dem Teufel sei, weil er sein Knecht werden wolle. Da sagte der Reiter: „Ich bin der, den du suchst.“ Und sofort gelobte der Riese, ihm für ewige Zeiten zu dienen. Als sie nun weiterzogen, kamen sie an einem Wegkreuz vorbei. Der Teufel wich ihm aus und ritt einen großen Umweg durch widriges Gelände. Darüber wunderte sich der Riese und er erkundigte sich nach dem Grund. „Da hat ein Mensch gelebt, der hieß Christus, den hat man ans Kreuz geschlagen. Und weil er der Sohn Gottes gewesen ist, fürchte ich mich vor dem Zeichen des Kreuzes.“ „Dann ist dieser Christus mächtiger als du“, stellte der Riese fest. „Und ich habe den größten Fürsten der Welt immer noch nicht gefunden.“

4 Er verließ den Teufel und machte sich erneut auf die Suche. Er fragte alle Leute nach Christus, aber niemand hatte von ihm gehört. Erst ein alter Einsiedler konnte ihm Auskunft geben. Er erzählte ihm von dem Sohn Gottes und unterwies ihn im Glauben.

5 „Ihm will ich dienen und niemand anderem“, sagte der Riese. Doch er wollte weder fasten noch beten. Da schlug ihm der Eremit vor, alle Reisenden über einen nahe gelegenen, tiefen und gefährlichen Fluss zu tragen. „Vielleicht wird sich dir Christus dann eines Tages offenbaren.“

6 Also ging der Riese an den Fluss und baute sich eine Hütte am Ufer. Er besorgte sich eine Holzstange, auf die er sich im Wasser stützen konnte, und trug jeden Wanderer, der den Fluss überqueren wollte, hinüber.

7 Eines Tages hörte er vor seiner Hütte eine Kinderstimme: „Komm heraus und setz mich über!“ Zweimal ging er hinaus, ohne jemanden zu sehen. Erst beim dritten Mal fand er ein Kind am Ufer, das ihn bat, es über den Fluss zu tragen. Da setzte sich der Riese das Kind auf die Schulter, ergriff seine Stange und stieg ins Wasser. Doch mit jedem Schritt wurde das Gewicht auf seinem Rücken schwerer, und er fürchtete sich, weil er glaubte, ertrinken zu müssen. Nie vorher war ihm die Durchquerung des Flusses so schwergefallen. Doch er kam wohlbehalten auf der anderen Seite an. „Du bist so schwer gewesen, als hätte ich nicht dich, sondern die ganze Welt über den Fluss getragen“, sagte er zu dem Kind.

8 „Du hast nicht nur die Welt getragen, sondern auch den, der sie erschaffen hat“, erwiderte es ihm. „Denn ich bin Christus, dein Herr, und damit du siehst, dass ich die Wahrheit spreche, nimm deinen Stab und stecke ihn vor deiner Hütte in die Erde, dann wirst du erleben, dass er am nächsten Morgen blüht und Früchte trägt.“ Daraufhin verschwand es vor seinen Augen.

9 Der Riese tat, wie ihm gesagt worden war, und wirklich, am anderen Tag trug seine Stange Blätter und Früchte. Seitdem nannte er sich „Christophorus“, das heißt so viel wie „der, der Christus getragen hat“.

10 Von da an zog er durch die Welt, um allen Menschen von dem Wunder des Stabes zu erzählen und sie zu bekehren.

1 *Angaben über den Text:*

a) Wie heißt der Autor/die Autorin? ______

b) Ordne den Text einer Gattung zu. Begründe deine Antwort und suche Textstellen mit Zeilenangaben als Beleg.

☐ Roman ☐ Märchen ☐ Kurzgeschichte ☐ Legende

Begründung: ______

______ (Z.)

c) Fülle die Tabelle in Stichworten aus.

Was könnte wirklich so passiert sein?	Was ist ganz unglaublich?

d) Lies den Text noch einmal. Unterstreiche dabei die wichtigsten Ereignisse, Personen und Orte farbig.

2 *Jeder der folgenden Sätze fasst einen Abschnitt aus der Legende zusammen, aber die Reihenfolge ist durcheinandergeraten.*

a) Nummeriere die einzelnen Sätze in der richtigen Reihenfolge der Handlungsschritte.

Nr.	Satz	Buchstabe
	Der Teufel fürchtet sich vor Christus.	A
	Der König fürchtet sich vor dem Teufel.	GE
	Der Riese kündigt seinen Dienst und sucht den Teufel.	N
	Der Riese dient Christus, indem er Leute über den Fluss trägt.	R
	Der Riese dient dem Teufel.	D
	Der Riese verlässt den Teufel.	AU
	Der Riese bleibt am Königshof.	E
	Der Riese trägt Christus in Gestalt eines Kindes über den Fluss.	E
1	Ein Riese will dem mächtigsten Mann der Welt dienen.	L
	Es geschieht das Wunder, dass der Stab des Christophorus am nächsten Morgen blüht und Früchte trägt.	A

b) Die Buchstaben hinter den Sätzen ergeben in der richtigen Reihenfolge ein Lösungswort. Schreibe es hier auf:

Lösung: ______

3 *Schreibe nun eine Textzusammenfassung zur Christophorus-Legende in dein Heft.*

Sachtexte verstehen und zusammenfassen

TIPP

Lexikon ist die Bezeichnung für ein alphabetisch geordnetes Nachschlagewerk mit sachlichen Informationen. Ein Lexikonartikel informiert möglichst knapp zu einem bestimmten Stichwort.

In einem Lexikon findet sich folgende Information über den Maler Albrecht Dürer:

Albrecht Dürer: Selbstbildnis im Pelzrock (1500)

Dürer, Albrecht: bedeutender deutscher Maler, Kupferstecher, Zeichner und Holzschneider. Geboren am 21.5.1471 in Nürnberg. 1490–1494: Wanderschaft am Oberrhein (Colmar, Straßburg, Basel). 1494 heiratete er Agnes Frey. 1494/1495 und 1505–1507 Reisen nach Italien. 1520/1521 Reise in die Niederlande. Gestorben am 6.4.1528 in Nürnberg. Seine bekanntesten Bilder sind: „Die vier Apostel" und die Selbstbildnisse.

Name und Beruf

1 *Unterteile den Lexikonartikel in sinnvolle Abschnitte und notiere am Rand für jeden Abschnitt eine sinnvolle Überschrift.*

2 *Forme den folgenden Bericht über den Maler Patinir in einen Lexikonartikel um.*

Nicht einmal das Geburtsjahr ist bekannt und kein genauer Geburtsort. Einer der Autoren meinte, Joachim Patinir sei 1480 geboren, die beiden anderen behaupteten 1485. Ursprünglich glaubte man, sein Geburtsort sei Dinant, doch dann hatte ein Historiker herausgefunden, dass es Bouvignes-sur-Meuse gewesen sein musste. Beide Orte liegen etwas südlich der Stadt Namur an der Maas. Das gehörte damals zu den Niederlanden, heute ist es belgisches Gebiet. Keiner weiß, wo dieser Maler seine Lehr- und Wanderjahre verbracht hatte. Erst 1515 tauchte sein Name in der Liste der St.-Lukas-Gilde in Antwerpen auf, die damals Anttorff genannt wurde. Die St.-Lukas-Gilde war eine Malervereinigung. Wer in sie aufgenommen wurde, durfte sich „Meister" nennen. In den Jahren 1520 und 1521 hatte sich Albrecht Dürer auf seiner Reise durch die Niederlande mehrere Male mit Joachim Patinir getroffen und ihn auch in seinem Tagebuch erwähnt. Als Todestag Patinirs wird der 5. Oktober 1524 angegeben. Im Gegensatz zu vielen anderen Malern seiner Zeit sind nur wenige Bilder von ihm erhalten, fast alle hängen in großen Museen. Das Bild des heiligen Christophorus hängt im königlichen Kloster El Escorial in Spanien.

Patinir, Joachim: geboren 1480 oder

Gabi Neuhäuser
Beruf: Maskenbildner

„Die Nase darf nicht zu groß werden, sonst sieht sie aus wie die von einem Hund.“ Mit einem feinen Pinsel zeichnet Stefanie Gredig die Umrisse eines Katzennäschens auf die Nasenspitze einer Tänzerin. Dann strichelt sie mit roter und gelber Fettschminke ein Fellmuster auf Stirn und Wangen der jungen Frau. Zum Schluss tupft sie schwarze Barthaare hinein. Aber erst als Maskenbildnerin Stefanie Gredig ihrer „Katze“ eine Perücke aus gefärbtem Büffelhaar und mit spitzen Ohren aufsetzt, blinzelt ihr aus dem Schminkspiegel „Sillabub“ entgegen. Sillabub ist eine der 22 Katzen aus dem Musical „Cats“, das im Theater am Potsdamer Platz in Berlin aufgeführt wird.

Eigentlich könnten Maskenbildner auch „Haarbildner“ heißen, denn Frisieren ist in diesem Beruf mindestens so wichtig wie Schminken. Ob Mähne oder Glatze, ob rotblond oder dunkelbraun, ob Schnurrbart, Vollbart oder gar kein Bart – wie ein Mensch wirkt, hängt nämlich entscheidend von seiner Haartracht ab.

Also müssen Maskenbildner Perücken und Bärte knüpfen oder historische Frisuren herstellen. Sie müssen aber auch Masken entwerfen und modellieren oder Gesichtsteile anfertigen – eine Pinocchio-Nase zum Beispiel, die auf keinen Fall abfallen darf.

Doch damit nicht genug: Maskenbildner brauchen auch Ideen. Vor allem wer Spezialeffekte in Szene setzen will, muss sich auf seine Fantasie statt auf Lehrbücher verlassen. Oder auf die Tipps der Kollegen hören – denn die verraten so manchen Trick. Etwa, wie sie in der Metzgerei Rindfleisch kauften, um damit klaffende Wunden zu modellieren. Oder wie sie mit schlichtem Spülmittel den Schaum vor dem Maul einer Leopardenmaske lebensecht hinkriegten.

Wer jetzt immer noch Maskenbildner werden will, den werden auch die Arbeitszeiten nicht abschrecken. Theater-Maskenbildner arbeiten fast immer abends, am Wochenende und feiertags. Und wen es zum Film zieht, der muss sich auf lange Wartezeiten beim Drehen einstellen.

„Geduld ist in diesem Beruf ganz wichtig“, sagt Stefanie Gredig, „und die Liebe zum Detail.“ Klar. Schließlich wollen die Zuschauer nicht nur hören, sondern auch sehen, was die Cats-Darsteller am Schluss singen: dass Katzen keine Hunde sind.

Eine Friseurlehre ist in der Regel Voraussetzung für die praktische Ausbildung an einem Theater oder bei einem Fernsehsender. Dieses Volontariat dauert zwei oder drei Jahre. Das Einstiegsgehalt für Maskenbildner liegt bei etwa 1 300 Euro. Die Adressen von Theatern und Fernsehanstalten und viele weitere Informationen findet ihr im „Deutschen Bühnen-Jahrbuch“, das jedes Jahr erscheint. Ihr bekommt es bei der Genossenschaft Deutscher Bühnen-Angehöriger, Postfach 13 02 70, 20102 Hamburg.

1 *Markiere im Text die Stellen, die über den Beruf des Maskenbildners informieren.*

2 *Hier findest du zu den Textabschnitten 2 bis 6 jeweils drei Überschriften. Nur eine davon passt genau zum Inhalt des Abschnitts. Kreuze jeweils diese eine passende Überschrift an.*

2. Abschnitt (Zeile 13–18):
- ☐ Wichtig: die Frisur
- ☐ Mal anders mit Glatze
- ☐ Neues Wort „Haarbildner"

3. Abschnitt (Zeile 19–23):
- ☐ Maskenbilden ist Arbeit
- ☐ Perücken, Masken und Nasen
- ☐ Neue Gesichtsteile

4. Abschnitt (Zeile 24–32):
- ☐ Fantasie und Kreativität
- ☐ Lehrbücher sind veraltet
- ☐ Neue Verwendung von Spülmittel

5. Abschnitt (Zeile 33–37):
- ☐ Arbeit bei Film und Theater
- ☐ Ungewöhnliche Arbeitszeiten
- ☐ Lange Wartezeiten

6. Abschnitt (Zeile 38–42):
- ☐ Hunde sind keine Katzen
- ☐ Geduld und Liebe zum Detail
- ☐ Der Zuschauer ist wichtig

3 *Lies dir den Inhalt des ersten Abschnitts (Zeile 1–12) und des siebten Abschnitts (Zeile 43–51) noch einmal genau durch. Fasse dann den Inhalt des Abschnitts in ein bis zwei Sätzen zusammen.*

Erster Abschnitt: ______________________________

____

____

Siebter Abschnitt: ______________________________

____

4 *Überlege dir, welche Einstellung der Verfasserin zum Beruf „Maskenbildner" deutlich wird. Kreuze an:*

- ☐ Die Verfasserin findet diesen Beruf interessant.
- ☐ Die Verfasserin bewundert Maskenbildner.
- ☐ Die Verfasserin hält Maskenbildner für unzuverlässig.
- ☐ Die Verfasserin denkt, dass es zu viele Maskenbildner gibt.
- ☐ Die Verfasserin will, dass die Ausbildung zum Maskenbildner erschwert wird.

5 *Überlege dir, welche Absicht mit dem Text über Maskenbildner verfolgt wird. Formuliere deine Antwort mit eigenen Worten.*

Der Text soll ______________________________

____

____

____

6 *Bereite einen Kurzvortrag vor. Fertige dafür einen Stichwortzettel an. Suche dir einen Partner oder eine Partnerin und übe mit ihm oder ihr deinen Kurzvortrag ein.*

Argumentieren

!

Beim **Argumentieren** versuchst du deine Meinung überzeugend zu begründen.
Du stellst eine **Behauptung/Meinung** (These) auf, d. h. eine Aussage, die etwas feststellt, empfiehlt oder bewertet.
Deine Behauptung (These) versuchst du durch **Begründungen** (Argumente) zu stützen und durch **Beispiele** (Beispiele aus der eigenen Erfahrung, Belege oder Zitate) zu veranschaulichen.
Als Begründungen kannst du Fakten (Tatsachen), allgemein akzeptierte Wertmaßstäbe (Grundsätze, Normen), Erfahrungen (eigene und fremde Erfahrungen) oder Expertenmeinungen (Aussagen von Fachleuten) anführen.
Eine **Argumentation** besteht immer aus mindestens drei Teilen: **Behauptung**, **Begründung** und **Beispiel**.
Die Qualität deiner Argumente entscheidet darüber, ob deine Meinung überzeugend wirkt.

Ein **Leserbrief** verfolgt ein klares Ziel. Der Schreibende nimmt zu einem Thema oder Vorfall Stellung. Er kritisiert oder unterstützt eine Darstellung oder er fügt einen neuen Aspekt hinzu. Um seinen Standpunkt zu verdeutlichen, muss der Schreibende überzeugende Argumente anführen.

Lesermeinung zum Thema Taschengeld

Sehr geehrte Redaktion der Nürnberger Nachrichten,

in Ihrer letzten Wochenendausgabe haben Sie einen sehr kritischen Artikel zum Thema Taschengeld für Jugendliche abgedruckt. Ich teile diese Ansicht nicht. Meiner Meinung nach ist es sehr sinnvoll, als Jugendlicher über eigenes Geld zu verfügen.
Denn Jugendliche, die Taschengeld bekommen, sind selbstständiger, weil sie frei entscheiden können, wann und wofür sie Geld ausgeben. Untersuchungen zeigen: Wer keinen Überblick über die verfügbare Geldmenge hat, kann auch nicht planen oder für langfristige Investitionen sparen. Und wie sollen denn Kinder den Umgang mit Geld lernen, wenn sie bei jedem Eiskauf von den Eltern entmündigt werden? Meine kleine Nichte weiß schon sehr genau, auf wie viele Kugeln Eis sie verzichten muss, wenn sie eine neue CD kaufen möchte.

Mit freundlichen Grüßen
Georg Schuler

1 a) *Markiere in dem Leserbrief die Behauptung (These).*
b) *Unterstreiche nun die Argumentationsfolge, indem du Argumente und Beispiele mit unterschiedlichen Farben markierst.*
c) *Streiche unsachliche Sätze, die einer überzeugenden Argumentation schaden.*
d) *Finde weitere Argumente für die These, dass Jugendliche unbedingt eigenes Taschengeld zur Verfügung haben müssen, und schreibe diese auf.*

2 *In der folgenden Tabelle findest du vier Behauptungen (Thesen) und vier Begründungen (Argumente). Ordne jeder Behauptung eine passende Begründung zu, indem du sie durch einen Pfeil verbindest.*

Behauptungen (Thesen)	**Begründungen** (Argumente)
Die 13- bis 17-Jährigen kaufen bevorzugt Markenartikel.	Für bessere Qualität muss man meistens auch mehr zahlen.
Jugendliche sollten weniger Geld für Markenkleidung ausgeben.	Die Kleidungswahl ist meistens eine Geschmacksfrage, über die man nicht streiten sollte.
Markenkleidung ist besser als andere Kleidung.	Die Verbraucherberatung stellt fest, dass viele No-Name-Produkte von gleicher Qualität, aber billiger als Markenprodukte sind.
Es ist schlecht, einen Menschen wegen seiner äußeren Kleidung zu diskriminieren.	Eine Marktstudie hat die Wichtigkeit von Markenartikeln für Jugendliche bestätigt.

3 *Die Überzeugungskraft einer Argumentation steigt, wenn du deine Begründungen (Argumente) durch konkrete Beispiele (Beispiele aus der eigenen Erfahrung, Belege oder Zitate) veranschaulichst.*
Suche Beispiele zu den Behauptungen und Begründungen aus Aufgabe 2 und schreibe diese in dein Heft, z. B.:

Behauptung: Die 13- bis 17-Jährigen kaufen bevorzugt Markenartikel.
Begründung: Eine Marktstudie hat die Wichtigkeit von Markenartikeln für Jugendliche bestätigt.
Beispiel: *Auch an meiner Schule tragen immer mehr Jugendliche Markenkleidung.*

4 *Welche Haltung vertrittst du zu Markenartikeln?*
a) Formuliere deine Meinung (These).
b) Sammle passende Argumente und Beispiele für deine Meinung.
c) Ordne deine Argumente nach dem Steigerungsprinzip an (von dem weniger wichtigen zu dem wichtigsten Argument) und nummeriere sie.
d) Erstelle eine Gliederung: Überschrift ist deine eigene Meinung. Die Argumente ordnest du steigernd an.
e) Verfasse in deinem Heft eine vollständige Argumentation, indem du deine These durch Argumente begründest und durch passende Beispiele veranschaulichst.

5 *Schreibe in dein Heft einen Dialog zwischen zwei Freunden, die eine unterschiedliche Meinung zu Markenartikeln vertreten.*
Versuche durch passende Konjunktionen den Begründungszusammenhang sprachlich präzise auszudrücken.

Beispiel: „Es ist besser, Markenkleidung zu kaufen, *damit* man von seiner Clique akzeptiert wird."

Begründungszusammenhang	**Satzgefüge**	**Konjunktionen**
Ursache, Grund	Kausalsätze	weil, da
Folge	Konsekutivsätze	sodass; so ..., dass
Absicht, Zweck	Finalsätze	damit

6 *Unterstreiche im folgenden Text die Konjunktionen und Adverbien, durch die Begründungszusammenhänge hergestellt werden, und ordne sie in die unten abgedruckte Tabelle ein.*

... Markenklamotten sind keineswegs besser. Die Markenkleidung kostet manchmal 50 bis 100 € mehr als No-Name-Produkte (gängige Massenware), obwohl sie die gleiche Qualität wie No-Name-Produkte hat. Jugendliche, die keinen Wert auf Marken legen, kaufen deshalb gerne No-Name-Produkte ... Einerseits wollen markenbewusste Jugendliche mit ihrem Outfit angeben, andererseits kaufen sie teure Markenkleidung, um von der Clique nicht als „Markenprol“ angesehen zu werden. Folglich wird von diesen Jugendlichen viel Geld ausgegeben, damit sie sich zur Clique zählen können. Viele Jugendliche täuschen sich aber in den vermeintlichen Freunden, denn die Kleidung sagt nichts über den Charakter aus. Den wahren Wert eines Freundes kann man nicht an Äußerlichkeiten ermessen.

Begründungszusammenhang	**sprachliche Mittel:** Konjunktionen und Adverbien
Ursache, Grund	______________
Folge	______________
Absicht, Zweck	______________
Gegensatz	______________
Einschränkung	______________

7 *a) Im folgenden Text fehlen die Konjunktionen und Adverbien, die Begründungszusammenhänge herstellen. Setze passende ein.*
b) Unterstreiche Behauptung (These), Begründung (Argument) und Beispiel in verschiedenen Farben.

... Die Orientierung an Markenkleidung kann manche Jugendliche in die Kriminalität führen. Viele glauben nämlich, dass man immer neue Markenkleidung kaufen müsse, ______________ man zu einer Freundesclique gehört. Sie kommen ______________ sehr leicht in Geldnöte, geraten auf die schiefe Bahn und stehlen Geld oder Kleidung. Vor kurzem stand in der Zeitung, dass eine 14-jährige Schülerin aus Straubing einen Supermarkt erpresst habe, ______________ an das Geld für das richtige Cliquen-Outfit ______________ kommen. Sie habe mit Lebensmittelvergiftung gedroht. Als sie gefasst worden sei, habe sie der Polizei zu Protokoll gegeben, dass sie endlich einmal neue Klamotten habe kaufen wollen, ______________ ihre Mitschülerinnen immer besser angezogen seien.

8 *Nicht immer führen deine Gesprächspartner sachliche Argumente an, um ihren Standpunkt zu vertreten oder ihre Meinung durchzusetzen.*

① Wenn ihr in den nächsten 60 Minuten aufräumt, koche ich für alle Crème Caramel.

② Thomas, du machst die meiste Unordnung, du musst auch mithelfen.

③ Irgendwann muss jede Diskussion ein Ende haben. Und jetzt spreche ich ein Machtwort: Die Kinder räumen jetzt auf.

④ Wenn ich jetzt aufräume, komme ich zu spät zum Fußballtraining.

⑤ Ich bekomme vom Aufräumen immer Ausschlag.

⑥ Immer muss ich aufräumen.

⑦ Du kannst das viel besser als ich, Mama. Bei mir geht vielleicht noch was kaputt.

⑧ Susi hat sowieso nichts zu tun. Soll sie doch aufräumen.

a) *Ordne die Aussagen der Familienmitglieder den unterschiedlichen Möglichkeiten der sprachlichen Beeinflussung zu. Trage die passende Zahl ein.*

- ◯ Belohnung versprechen
- ◯ schmeicheln
- ◯ andere herabsetzen
- ◯ drohen
- ◯ auf die eigene Autorität verweisen
- ◯ an das Mitgefühl der anderen appellieren
- ◯ verallgemeinern
- ◯ seine Meinung begründen

b) *Ordne die Sätze in den Sprechblasen zu einem Gespräch und füge weitere Aussagen hinzu, die zu den Sprechern und der Gesprächssituation passen. Schreibe das Gespräch in dein Heft.*

c) *Überlege, welcher Standpunkt am meisten überzeugt. Begründe dein Urteil.*

d) *Finde Gegenargumente, die die einzelnen Standpunkte in diesem Gespräch entkräften.*

9 *Du hättest gerne einen Hund, aber deine Eltern sind zunächst dagegen. Überlege, welche Möglichkeiten du hast, deine Eltern positiv zu stimmen. Denke vor allem auch an sachliche Argumente, die du anführen könntest. Schreibe das Gespräch zwischen dir und deinen Eltern in dein Heft.*

Wortarten

!

Ein wichtiges Merkmal zur **Unterscheidung von Wortarten** ist die Flexion (Beugung).
Nicht alle Wortarten lassen sich **flektieren** (beugen).
Konjugieren kannst du nur Verben. Du kannst Person, Numerus (Anzahl) und Tempus (Zeitform) verändern.
Deklinieren kannst du Nomen, Numerale, Artikel, Adjektive und die meisten Pronomen.
Du kannst Genus (Geschlecht), Numerus (Anzahl) und Kasus (Fall) verändern.
Nicht flektieren lassen sich Adverbien, Präpositionen und Konjunktionen.

1 *Die Information des Merkkastens kannst du anschaulich darstellen (visualisieren).*
Vervollständige dieses Schaubild.

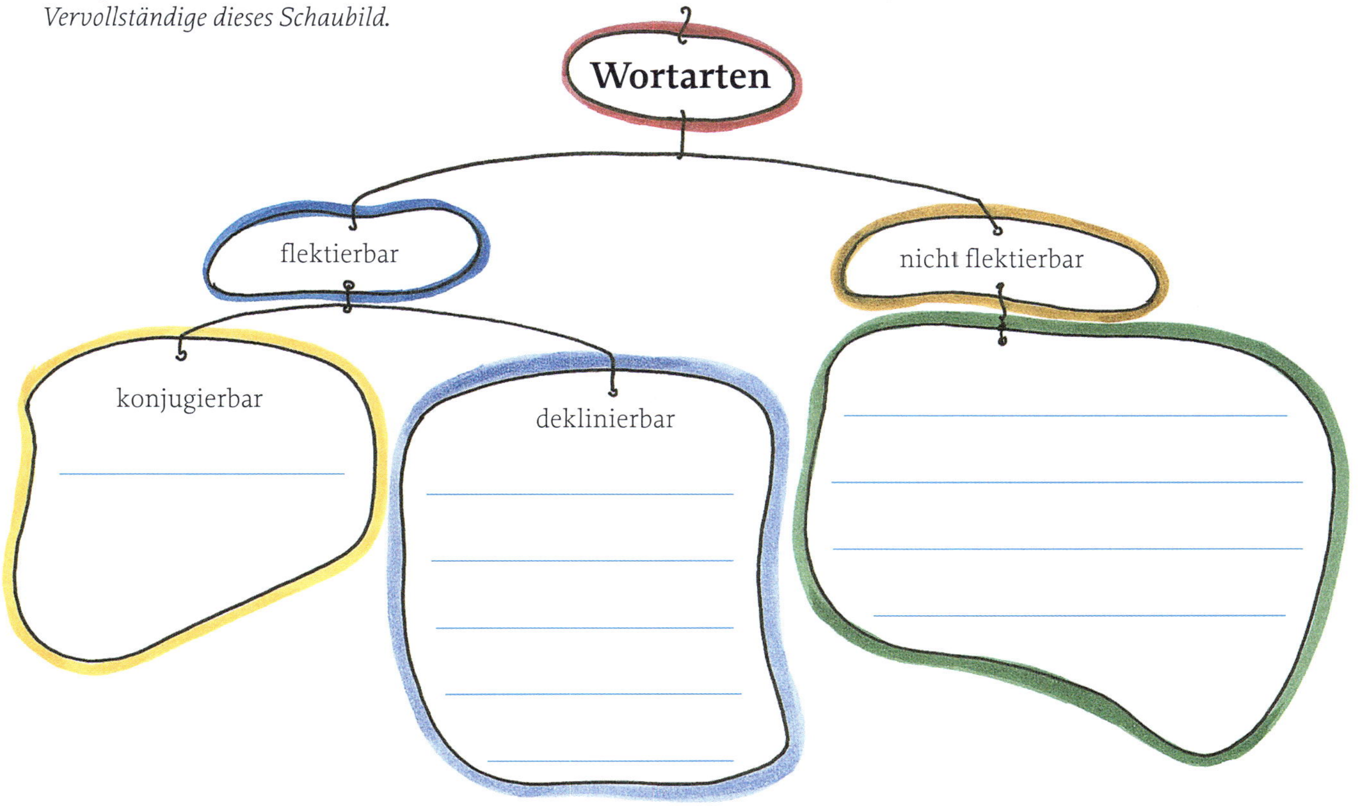

TIPP

Pronomen stehen stellvertretend für Nomen, ersetzen oder begleiten sie.

2 *Unterstreiche im folgenden Text alle Pronomen und ordne diese in die Tabelle ein.*
Ergänze die Tabelle um weitere Pronomen.

Niemand konnte sich vorstellen, wie dieser kleine Junge seinen Hamster unbemerkt in das Klassenzimmer schmuggeln konnte. Das Chaos, das er auslöste, war unbeschreiblich.

Personal-pronomen	Reflexiv-pronomen	Possessiv-pronomen	Demonstrativ-pronomen	Relativ-pronomen	Indefinit-pronomen

3 *Im folgenden Text findest du alle Wortarten. Bestimme die Wortarten genau. Das Schaubild auf S. 27 kann dir dabei helfen.*

Laurie Sanders saß (Verb 3. Person Singular Präteritum) im (________) Redaktionsbüro (________) der (________) Schülerzeitung (________) der Gordon High School und (________) kaute (________) an (________) ihrem (________) Kugelschreiber (________). Sie war ein hübsches (________) Mädchen mit (________) hellbraunem Haar und einem fast (________) immer (________) währenden (________) Lächeln, das nur schwand (________), wenn (________) sie aufgeregt war oder an Kugelschreibern kaute. Das hatte sie in letzter (________) Zeit ziemlich (________) häufig (________) getan. In ihrem (________) Vorrat gab es keinen einzigen Schreiber mehr (________), der nicht am oberen Ende völlig (________) zerbissen (________) war. Laurie sah sich (________) in dem kleinen Büro um, das mit Schreibtischen, Schreibmaschinen und Zeichenplatten vollgestopft war. Eigentlich (________) sollte in diesem Augenblick an jeder Schreibmaschine jemand (________) sitzen und Beiträge für die Schülerzeitung „Ente“ ausbrüten. Auch Zeichner und Gestalter sollten an den Leuchttischen hocken und die nächste Ausgabe vorbereiten. Tatsächlich war jedoch außer Laurie niemand im Raum. Das Problem bestand einfach darin, dass draußen (________) ein herrlicher Tag war.

!

Die Wortarten können im Satz verschiedene Funktionen haben. Je nach ihrer Funktion erhalten diese Wörter oder Wortgruppen verschiedene Satzglied-Bezeichnungen. Ein Satzglied kann aus mehreren Wörtern bestehen (siehe dazu ▷ S. 47 ff.).

Beispiel:	„Laurie	arbeitete	gestern	im	neuen	Redaktionsbüro.“
Wortarten:	**Nomen**	**Verb**	**Adverb**	**Präposition**	**Adjektiv**	**Nomen**
Satzglieder:	Subjekt	Prädikat	adverbiale Bestimmung	adverbiale Bestimmung		

4 *Benenne nach obigem Muster die Wortarten und bestimme die Satzglieder.*

Laurie traute ihren Augen nicht.

Nomen Verb Poss.pron. Nomen

Subjekt Prädikat Dativobjekt

Das Redaktionsbüro war mit Schreibtischen vollgestopft.

Aber sie war allein, weil draußen ein herrlicher Tag war.

Sie schaute auf die Uhr an der Wand.

Von der Schulstunde blieben nur noch ein paar Minuten.

Wortbedeutung

!

Verändert ein Wort im Laufe der Zeit seine Bedeutung, nennt man dies **Bedeutungswandel**. Dabei kann sich die Bedeutung eines Wortes in unterschiedlicher Weise verändern, sodass wir verschiedene Arten des Bedeutungswandels unterscheiden:

Bedeutungsverengung: mhd. (mittelhochdeutsch) *muot* = Kraft des Denkens, Gemüt, Gemütszustand, Mut, trotziger Eigenwille wurde zu nhd. (neuhochdeutsch) *Mut* = Mut.

Bedeutungserweiterung: mhd. *horn* = Tierhorn wurde zu nhd. *Horn* = Tierhorn, Blasinstrument, Trinkgefäß.

Bedeutungsverschiebung: mhd. *ervarn* = reisen, durchfahren, ziehen, erreichen, einholen wurde zu nhd. *erfahren* = erleben, durchmachen, erleiden.

Bedeutungsverbesserung: mhd. *marschalc* = Pferdeknecht wurde zu nhd. *Marschall* = ranghöchster Offizier.

Bedeutungsverschlechterung: mhd. *al(e)waere* = wirklich, (all)wahr, gütig, freundlich wurde zu nhd. *albern* = lustig, lächerlich.

1 *Erkläre die Art des Bedeutungswandels der folgenden Beispiele.*

a) **vrouwe** (mhd.) = adelige Frau, Dame, Herrin
Frau (nhd.) = jede Frau, unabhängig von der gesellschaftlichen Schicht

Bedeutungserweiterung, weil heute alle Frauen gemeint sind.

b) **wizzec** (mhd.) = kundig, verständig, klug, einfallsreich
witzig (nhd.) = spaßig, komisch

____

c) **list** (mhd.) = Wissen, vor allem zur Jagdausübung, Weisheit, Klugheit
List (nhd.) = Trick, geschickte Täuschung

____

2 *Bestimme die heutige Bedeutung folgender Wörter und gib die Art des Bedeutungswandels an.*

a) **arbeit** (mhd.) = Mühsal, Plage, schwere körperliche Anstrengung

Arbeit (nhd.) = _______________

____

b) **vrech** (mhd.) = tapfer, kühn, lebhaft

frech (nhd.) = _______________

____

c) **sleht** (mhd.) = in gerader Linie, eben, glatt, schlicht, einfach

schlecht (nhd.) = _______________

____

Redewendungen: anschaulich und lebendig

!

In **Redewendungen** kannst du die wörtliche Bedeutung der einzelnen Wörter nicht mehr zur Erklärung der Aussage benutzen, weil die Aussage jetzt in der **bildhaften Sprache** in übertragener Bedeutung enthalten ist.

Beispiel: „einen Streit vom Zaun brechen“ = „einen Streit beginnen“

1 *Erkläre die folgenden Redewendungen.*

a) Salz in die Wunde streuen ____________________

b) Öl ins Feuer gießen ____________________

c) sich in die Höhle des Löwen wagen ____________________

d) Nägel mit Köpfen machen ____________________

e) einen Zahn zulegen ____________________

2 *Finde passende Redewendungen.*

a) etwas übertreiben, sodass mehr Schaden als Nutzen entsteht das Kind mit dem Bade ausschütten

b) ungeduldig sein ____________________

c) von jemandem sehr geschätzt werden ____________________

d) klug sein ____________________

e) jemanden anschwindeln ____________________

3 *Suche weitere Redewendungen und gib die passende Erklärung dazu an.*

Zur Erinnerung: Aktiv und Passiv

Passiv aus Informationsmangel oder als Informationsriegel
Bei der Darstellung eines Vorfalls nennt man meistens die beteiligten Personen.

Tat

Ereignis/Vorgang – berichten!

beteiligte Personen
- **Täter** – nennen?
- **Opfer** – nennen?
- **Zeugen** – nennen?

Wenn man die Handlungsträger nicht kennt und also nicht genau benennen kann, verwendet man oft Formen des Passivs, z. B.: „Die Telefonzelle *ist zerstört worden.*"

Nicht immer ist es so, dass Reporter aus Informationsmangel Handlungsträger nicht nennen.
Sie entscheiden manchmal auch bewusst, Betroffene, Täter, Zeugen, Informanten oder Opfer nicht zu nennen, zum Beispiel, um

- betroffene Personen oder Opfer zu schützen,
- die verantwortlichen Personen oder Täter zu verschleiern.

Auch in diesem Fall kann man zu Formen des Passivs greifen.

Pavillon im Kurviertel abgebrannt

Rosenheim: (1) Zu einem Schwelbrand wurde die Feuerwehr gestern nach Rosenheim gerufen. (2) Hinter einem alten Kinosaal aus den 30er-Jahren war ein Pavillon angezündet worden. (3) Mit drei Löschzügen fuhren die Feuerwehrleute um 14.25 Uhr vor. (4) Bereits 13 Minuten später hatten sie den Brand gelöscht. (5) Der Sachschaden wird auf 15 000 Euro geschätzt. (6) Als Brandverursacher werden Kinder verdächtigt, die hinter dem Pavillon beim Feuermachen beobachtet worden waren. (7) Die benachbarte Kindertagesstätte war jedoch zu keinem Zeitpunkt in Gefahr. (8) Die Polizei nahm bereits gestern die Ermittlungen auf.

1 a) *Unterstreiche im Text alle Passivformen.*
b) *In welchen Sätzen bleiben die Handlungsträger ungenannt? Notiere die Nummern.*

2 *Unter dem Motto „Die Tat – die Opfer – und die Zeit danach" sollen in einer Lokalzeitung Kriminalfälle aus dem Umland aufgearbeitet werden. Dazu müssen Gerichtsakten, Polizeiprotokolle sowie Berichte von Sozialarbeitern, die Opfer, Täter und ihre Familienangehörigen betreut haben, eingesehen werden. Zu der Zeitungsmeldung „Räuber kamen mit Messer und Pistole" finden sich die nachfolgenden Sätze in den verschiedenen Unterlagen.*
Wandle die vorgegebenen Aktivsätze in Passivsätze um.

Polizeiprotokoll:

1. Zeugin Martha Krause beobachtete am Dienstag, dem 10. Februar 2004, ein ungewöhnliches Treiben an der Dela-Tankstelle gegenüber.

Ein ungewöhnliches Treiben wurde beobachtet.

2. Aus ihrem Küchenfenster heraus sah sie zwei maskierte Männer im Kassenraum der Tankstelle.

3. Ein Mann bedrohte die Kassiererin mit einem Messer.

4. Offensichtlich zwangen die beiden Männer die Frau zur Herausgabe der Tageseinnahmen.

5. Martha Krause alarmierte die Polizei.

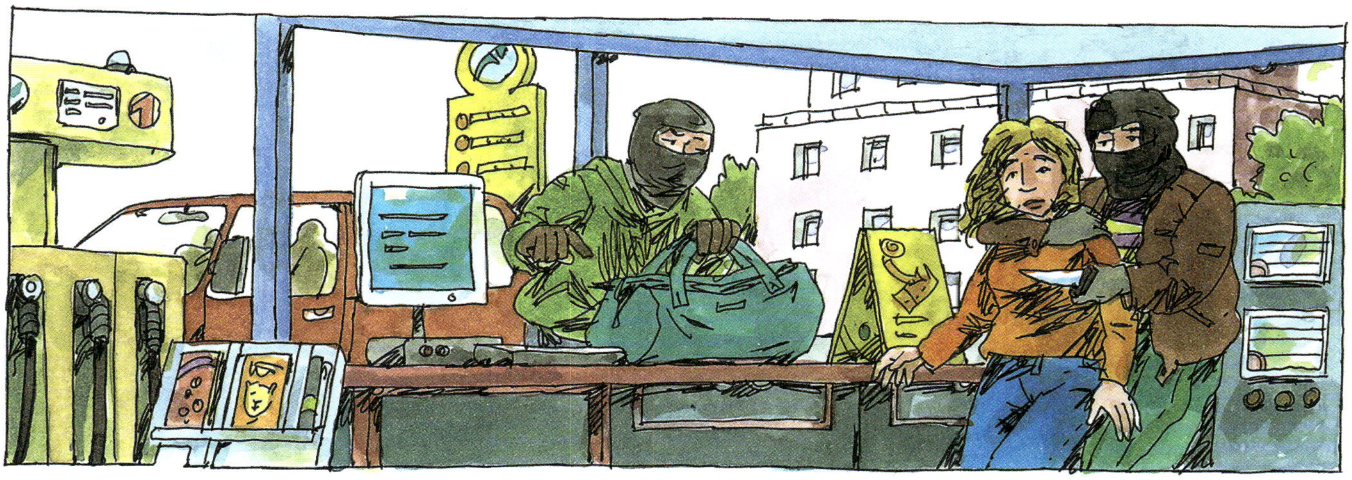

Gerichtsakten:

1. Die Polizei nahm Malermeister Joseph Rath und seinen Freund und Mitarbeiter Karl Storck am Dienstag, dem 10. 02. 2004, am Bahnhofsplatz fest.

2. Die beiden trugen jeweils eine auffällige Plastiktüte mit Dela-Werbeaufdruck.

3. Die Polizei identifizierte die beiden als die Tankstellenräuber.

4. Wachtmeister Heinrich Lieven stellte das Geld sicher.

5. Karl Storck und Joseph Rath gestanden die Tat.

6. Richterin Ina Helmesberger verurteilte die Männer zu einer zweijährigen Gefängnisstrafe.

Bericht des Sozialarbeiters Frank Millner:

1. Im Laufe des Prozesses reichte Frau Storck die Scheidung ein.

2. Frau Rath führt den Malerbetrieb ihres Mannes weiter.

3. Sie koordiniert die Mitarbeiter und stimmt die Aufträge ab.

4. In der Schule hänseln Mitschüler Regine und Peter Rath wegen ihres Vaters.

5. Frühere Freunde meiden die Raths.

3 *Schreibe einen Zeitungsartikel über den vorgegebenen Fall: „Die Tat – die Opfer – und die Zeit danach“. Überlege, an welchen Stellen das Passiv als Informationsriegel sinnvoll ist.*

!

Vorgangs- und Zustandspassiv

Das Passiv benutzt man in der Regel dann, wenn man eine Handlung oder einen Vorgang besonders in den Vordergrund treten lassen möchte. Wir sprechen hier auch vom **Vorgangspassiv** (*werden* + Partizip Perfekt des Handlungsverbs), z. B.:
„Eine Kordel *wird* an einem Besenstiel *befestigt*."

Eine weitere Passivvariante ist das **Zustandspassiv** (*sein* + Partizip Perfekt des Handlungsverbs).
Das Zustandspassiv drückt Gegebenheiten aus, die als Ergebnis eines Vorgangs angesehen werden können, z. B.:
„Die Kordel *ist* am Besenstiel *befestigt*."

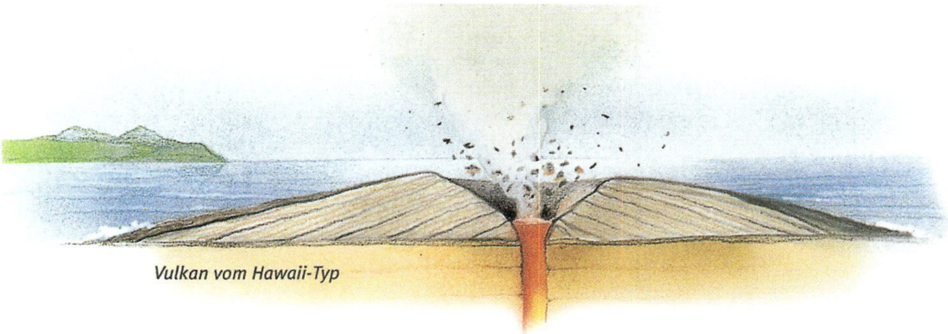
Vulkan vom Hawaii-Typ

1 *a) Unterstreiche die Verbformen des Zustands- und des Vorgangspassivs in zwei verschiedenen Farben.*
b) Schreibe die richtige Bezeichnung des Passivs in die Klammern dahinter.

An der Universität Tübingen wird seit dem Sommer 2002 eine Kinder-Uni veranstaltet (________________). Professorinnen und Professoren antworten auf Fragen, die von Kindern gestellt werden (________________). Eine dieser Vorlesungen ist nach der Frage benannt (________________): Warum speien Vulkane Feuer? Wie Vulkane entstehen, warum es zu Vulkanausbrüchen kommt und was dabei passiert, wird von Mineralogen und Vulkanologen erforscht (________________). Ihre Arbeit ist oft lebensrettend. Wenn ein Vulkanausbruch vorhergesagt wird (________________), werden die Menschen, die in der Nähe des Vulkans leben, in Sicherheit gebracht (________________).

Vulkane sind Stellen, an denen glutflüssiges geschmolzenes Gestein aus dem Erdinnern an die Oberfläche austritt. Ein Vulkan kann auch im Meer liegen. Und es gibt Inseln, die entstanden sind, weil Vulkane eines Tages aus dem Meer auftauchten. So unterschiedlich Vulkane auch sein mögen, sie entstehen, weil heiße Masse aus dem Erdinnern nach außen drängt.

Das Wort „Magma" ist nach einem griechischen Wort benannt (________________). Es bedeutet so viel wie Masse oder Brei. Mit Magma wird das geschmolzene Gestein, das sich in der Erde befindet, bezeichnet (________________). Wenn Magma an die Erdoberfläche geschleudert wird (________________), erkaltet es und die Lava erstarrt.

Nach einem Vulkanausbruch sind oft ganze Dörfer unter der Lava begraben (________________).

In eurer Tageszeitung gibt es vielleicht jeden Tag im Lokalteil einen Kochvorschlag für eine vollständige Mittagsmahlzeit. Er ist gedacht für alle Köche und Köchinnen, die neue Anregungen fürs Kochen suchen. Folgende Formulierungen (Passiv-Umschreibungen) findest du dort häufig:

!

Passiv-Umschreibungen

- **man-Form**: „*Man hebt* zuerst die Sahne unter."
- **reflexive Form**: „Die Poren im Braten *schließen sich*."
- **lassen-Form**: „Das Gericht *lässt sich* mit wenigen Handgriffen *vorbereiten*."
- **Verbform von „sein" + Adjektiv mit Endung „-bar"**: „Statt Joghurt *ist* auch saure Sahne *verwendbar*."
- **adverbiale Bestimmung**: „*Beim Kochen* muss man den Deckel auf dem Topf lassen."
- **Imperativ-Form**: „*Spülen Sie* die Schüssel zuerst kalt *aus*."
- **Infinitiv-Form**: „Die Sahne zuerst *schlagen*."
- **Sie/du-Aussage-Form**: „*Sie kneten* den Teig danach kräftig *durch*."

1 *Formuliere die Beispiele im Kasten zu Passivsätzen um.*

Die Sahne wird zuerst untergehoben.

2 *Unterstreiche in der folgenden Kauf- und Kochanleitung Beispiele für die verschiedenen Umschreibungen des Passivs in verschiedenen Formen.*

Nudelauflauf nach Schülerart

Vor dem Kochen muss erst eingekauft werden. Am besten lassen sich Hörnchennudeln (400 g) verwenden. Kaufen Sie dann noch 300 g Fleischwurst am Stück, 1 Bund Petersilie und 250 g Quark. 5 Eier und 1/8 l saure Sahne werden ebenfalls benötigt. Hinzu kommen 75 g frisch geriebener Emmentaler, Salz, weißer Pfeffer und etwas Butter für die Form.

So wird's gemacht: Nudeln zuerst in reichlich siedendem Salzwasser bissfest kochen.

Anschließend die Nudeln in ein Sieb abgießen. Dann werden die Nudeln lauwarm abgespült und man lässt sie abtropfen. In der Zwischenzeit wird die Petersilie gewaschen, trockengeschleudert und klein geschnitten. Die Petersilie gibt man zusammen mit dem Quark und den Eiern in eine Rührschüssel. Beim Verrühren schmeckt man die Quarkmasse mit Salz und Pfeffer ab. Den Backofen auf 200°C vorheizen und eine feuerfeste Form mit Butter ausstreichen. Nudeln und Wurstwürfel werden nun gemischt und in die Form gefüllt. Den Eierquark gleichmäßig darüber verteilen. Man muss den Auflauf nun im Ofen auf der mittleren Schiene 35 Minuten lang backen. Nehmen Sie den Auflauf jedoch nach 25 Minuten noch einmal kurz heraus. Er muss jetzt mit dem geriebenen Käse bestreut werden und dann noch zehn Minuten weiterbacken. Guten Appetit!

Speisereste sind auch noch am nächsten Tag verwendbar. Sie können aufgewärmt noch einmal serviert werden.

3 *Schreibe eine eigene Kochanleitung zu folgenden Angaben in dein Heft und bemühe dich, möglichst vielfältig das Passiv zu umschreiben.*

Reisauflauf mit Äpfeln

Zutaten für 4 Personen:

1 l Milch	in Milchtopf
1 Prise Salz	hinzufügen
1 Vanillezucker	in die Milch
1 Streifen Schale von unbehandelter Zitrone	ebenfalls zur Milch
	alles aufkochen
125 g Rundkornreis	einrühren, Hitze reduzieren, 20 Minuten köcheln
4 Eigelb	
60 g weiche Butter	Eigelb zur Butter
60 g Zucker	hinzufügen, schaumig rühren
	unter den fertigen Reis ziehen
6 kleine Äpfel	schälen, entkernen, in gebutterte feuerfeste Form setzen
3 Esslöffel Aprikosenmarmelade	in leere Kerngehäuse füllen
	Reismasse über die Äpfel
Backofen: 200 °C	
Backzeit: 45 Minuten	

Verben: Modus

Man unterscheidet in der Sprache verschiedene **Aussageweisen des Verbs**, die so genannten Modi (Sg.: der Modus). Die zwei Aussageweisen des Verbs sind:
Indikativ (Wirklichkeitsform): „Er *lebt* bei seinen Eltern."
Konjunktiv (Möglichkeitsform): „Er *lebe* hoch!"
Es gibt zwei Formen des Konjunktivs: Konjunktiv I und Konjunktiv II.

Der **Konjunktiv I** wird durch den Stamm des Verbs (Infinitiv ohne „-en") und die entsprechende Personalendung gebildet.

„ich bring -e"	„wir bring -en"
„du bring -est"	„ihr bring -et"
„er bring -e"	„sie bring -en"

Der Konjunktiv I bezeichnet
- einen **Wunsch** oder eine **Aufforderung**, z. B.: „Jeder *achte* selbst auf seine Büchertasche."
- die **indirekte Rede**, z. B.: „Der Lehrer sagte, niemand *achte* auf seine Büchertasche."

1 *Finde ein passendes Verb und bilde den Konjunktiv I.*

Faule Ausreden!

a) Vater braucht Hilfe in der Küche, doch niemand hat Zeit:

Oma klagt, sie ______________ Kopfschmerzen.

Mutter behauptet, sie ______________ ihre Akten.

Max stöhnt, er ______________ noch immer an seinem Aufsatz.

Helga erklärt, ihre Freundin ______________ schon auf sie.

b) Heike möchte mit jemandem ins Konzert gehen, doch niemand hat Lust:

Jannis meint, er ______________ solche Musik scheußlich.

Jutta findet, das Wetter ______________ viel zu schön,

um nicht draußen zu sein.

Anne jammert, das ______________ viel zu viel Eintritt.

Frank sagt, es ______________ doch auch noch anderes, was man

unternehmen ______________ .

c) Norbert sucht sein blaues T-Shirt, doch niemand hat eine Ahnung:

Alex glaubt, es ______________ im Wäschekorb.

Lina beteuert, sie ______________ sich niemals Sachen von ihrem Bruder.

Mama vermutet, es ______________ schon von selber wieder auf.

Opa brummt, die Farbe Blau ______________ ihm sowieso nicht.

Der Konjunktiv II wird vom Indikativ Präteritum des Verbs abgeleitet (oft mit Umlaut, d. h. Wechsel von a, o, u, au zu ä, ö, ü, äu).
Verbstamm im Präteritum (bei a, o, u, au mit Umlaut) + **Personalendung des Konjunktivs**, z. B.:
„ich schlief" → „ich schlief -e"
„du kamst" → „du käm -est"
„er trank" → „er tränk -e"
„wir schlugen" → „wir schlüg -en"
„ihr wurdet" → „ihr würd -et"
„sie froren" → „sie frör -en"

Der Konjunktiv II drückt aus, dass etwas möglich, wünschenswert oder unwahrscheinlich ist.
In der **indirekten Rede** distanziert sich der Sprecher durch den Konjunktiv II vom Inhalt der Aussagen. Er hält diese für nicht wahr, z. B.:
„Der Lehrer sagt, niemand *achtete* auf seine Büchertasche", berichtet Max empört seiner Mutter.

2 *Setze die Verben im Konjunktiv II rechts in die Kästchen ein. Bilde dazu zunächst das Präteritum. Das Lösungswort sagt, was der Konjunktiv II bei all diesen Wünschen ausdrückt. (Die Umlaute ä, ö, ü werden im Rätsel als ae, oe, ue geschrieben.)*

Ach, wär das schön, wenn ...

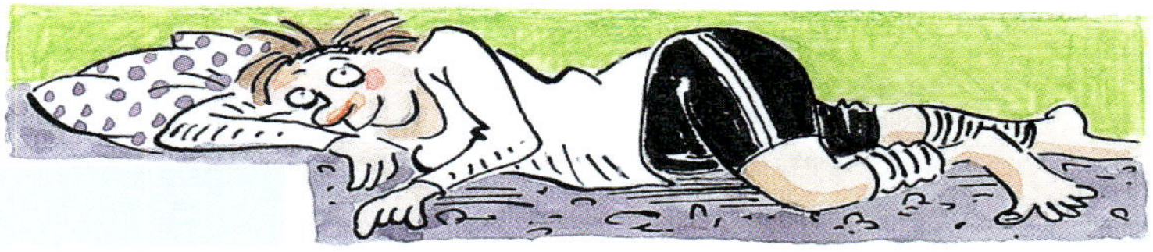

1. ... mir nie ein Bart wachsen → er wuchs
2. ... du ein paar Kilos abnehmen → du
3. ... die Sonne hell und warm scheinen →
4. ... ein netter Mensch anrufen →
5. ... der Bus pünktlich fahren →
6. ... mir jemand die schwere Tasche tragen →
7. ... wenn der Wind uns einen Wetterumschwung bringen →
8. ... du noch bei mir bleiben →
9. ... wir in den Ferien nach Amerika fliegen →
10. ... ich auf einem Floß flussabwärts treiben →
11. ... ich wenigstens einmal das Tor treffen →
12. ... mein Bruder sich nicht dauernd mit mir streiten →
13. ... eine gute Nachricht kommen →
14. ... die Nachbarin nicht so falsch singen →
15. ... ein kühles Lüftchen blasen →
16. ... wir jetzt am Meer stehen →

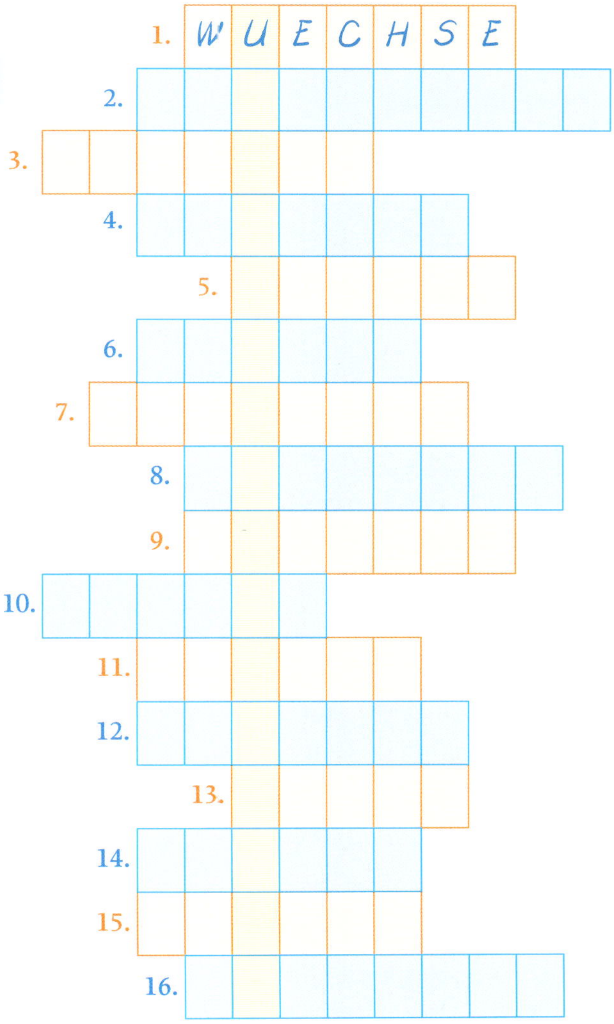

Ersatzformen
Wenn der Konjunktiv I nicht vom Indikativ zu unterscheiden ist,
verwendet man als Ersatz den **Konjunktiv II**:
„sie bringen“ (Ind.) → „sie bringen“ (Konj. I) → „sie brächten“ (Konj. II)
Dies ist vor allem in den Verbformen der 1. Person Singular sowie der 1. und 3. Person Plural der Fall.
Wenn der Konjunktiv II nicht vom Indikativ Präteritum zu unterscheiden ist,
verwendet man als Ersatz die Umschreibung mit „**würde**“:
„sie schrieben“ (Prät. Ind.) → „sie schrieben“ (Konj. II) → „sie *würden* schreiben“
Dies ist bei allen schwachen Verben und teilweise auch bei den starken Verben der Fall.
Auch wenn der Konjunktiv II als ungebräuchlich oder unschön empfunden wird,
kann man die Ersatzform mit „**würde**“ bilden, z. B.:
*„Der Lehrer sagt, niemand **würde** auf seine Büchertasche **achten**“, berichtet Max empört seiner Mutter.*

3 *Entscheide, ob in den folgenden Sätzen der Konjunktiv I, II oder die Ersatzform mit „würde“ zu verwenden ist.*

1. Immer (regnen) ______________ es am Sonntag, beklagte sich Guido, und montags (scheinen) ______________ dann wieder die Sonne.
2. Der Unfall (nicht passiert) ______________________, wenn es nicht geregnet hätte.
3. Die Nachbarn beschweren sich, niemand außer ihnen (räumen) ______________ den Dreck weg.
4. Der Fahrer (vom Unfallort entfernt) ______________________________________, wenn es irgendeine Möglichkeit (geben) ______________.
5. Die Zeugen sagten zur Erklärung, er (zu spät reagiert) ____________________________.
6. Später teilte die Polizei mit, weitere Zeugen (sich aufhalten) ________________ noch in der Stadt ____________.
7. Heike meinte zu ihrer Schwester, dass ihr das (auch passieren können) ________________________.
8. Ob sie den Unfall auch (gesehen) ____________________, fragte die Lehrerin am Montag die Schüler.
9. Lisa erklärte, sie (bei den Großeltern gewesen) ______________________________________.
10. Klaus beklagte sich, seine Eltern (ihm verbieten) ______________________, auf die Straße zum Unfallort zu gehen.
11. Markus (nichts von dem Unfall wissen) ________________________, weil Carmen mit ihm ins Kino (gehen) ________________________.
12. Lisa und Mona sind der Meinung, dass die nettesten Jungs (nie zu Hause sein) ____________________.
13. Sven und Oliver behaupten, sie (trotzdem nett sein) ______________________, auch wenn sie (Bücher lesen) ________________________________.

Indirekte Rede

Den Konjunktiv benutzt man vor allem bei der **indirekten Rede**.
Mit der indirekten Rede macht man deutlich, dass die Äußerung eines anderen Sprechers wiedergegeben wird. Beispiel:
Ein Reisender informiert seinen Nachbarn: „Der Schaffner sagte mir, der Zug ***halte*** *nicht in Amberg."*

Man verwendet bei der indirekten Rede den **Konjunktiv I**. Aber:
- Wenn dieser nicht vom Indikativ zu unterscheiden ist oder
- wenn man sich vom Gesagten distanzieren will, weil es einem unwahrscheinlich, abwegig oder zweifelhaft vorkommt, dann verwendet man den **Konjunktiv II**.

Wenn dieser nicht vom Indikativ Präteritum zu unterscheiden ist oder als unschön empfunden wird, muss man die **Ersatzform mit „würde"** verwenden (▷ S. 40).

1 *Unterstreiche im folgenden Auszug aus der Geschichte „Der Mann mit dem Gedächtnis" alle Konjunktivformen. Bestimme, ob es sich um Konjunktiv I oder II handelt, und begründe den Gebrauch der Konjunktiv-II-Formen.*

Peter Bichsel
Der Mann mit dem Gedächtnis

Peter Bichsel erzählt in dieser Geschichte von einem Mann, der seine ganze Zeit damit verbringt, die Zugfahrpläne und alle anderen Informationen rund um die Bahn auswendig zu lernen. Meistens ist er auf dem Bahnhof zu finden.

Es kam auch vor, dass ihn jemand nach einer Abfahrtszeit fragte. Dann strahlte er übers ganze Gesicht und wollte genau wissen, wohin die Reise gehe; und wer ihn fragte, verpasste die Abfahrtszeit bestimmt, denn er ließ den Frager nicht mehr los, gab sich nicht damit zufrieden, die Zeit zu nennen, er nannte gleich die Nummer des Zuges, die Anzahl der Wagen, die möglichen Anschlüsse, die Fahrzeiten, erklärte, dass man mit diesem Zug nach Paris fahren könne, wo man umsteigen müsse und wann man ankäme, und er begriff nicht, dass das die Leute nicht interessierte. Wenn ihn aber jemand stehen ließ und weiterging, bevor er sein ganzes Wissen erzählt hatte, wurde er böse, beschimpfte die Leute und rief ihnen nach: „Sie haben keine Ahnung von Eisenbahnen!"

Er selbst bestieg nie einen Zug.

Das hätte auch keinen Sinn, sagte er, denn er wisse ja zum Voraus, wann der Zug ankomme.

„Nur Leute mit schlechtem Gedächtnis fahren Eisenbahn", sagte er, „denn wenn sie ein gutes Gedächtnis hätten, könnten sie sich doch wie ich die Abfahrts- und Ankunftszeit merken, und sie müssten nicht fahren, um die Zeit zu erleben."

gehe: Konj. I, indirekte Rede

2 *Forme im nächsten Teil der Geschichte die wörtliche Rede in indirekte Rede um:*

Ich versuchte, es ihm zu erklären, ich sagte: „Es gibt aber Leute, die freuen sich über die Fahrt, die fahren gerne Eisenbahn und schauen zum Fenster hinaus und schauen, wo sie vorbeikommen.“ Da wurde er böse, denn er glaubte, ich wolle ihn auslachen, und er sagte: „Auch das steht im Fahrplan, sie kommen an Luterbach vorbei und an Deitingen, an Wangen, Niederbipp, Önsingen, Oberbuchsiten, Egerkingen und Hägendorf.“

„Vielleicht müssen die Leute mit der Bahn fahren, weil sie irgendwohin wollen“, sagte ich.

„Auch das kann nicht wahr sein“, sagte er, „denn fast alle kommen irgendeinmal zurück, und es gibt sogar Leute, die steigen jeden Morgen hier ein und kehren jeden Abend zurück – so ein schlechtes Gedächtnis haben sie.“

Und er begann die Leute auf dem Bahnhof zu beschimpfen. Er rief ihnen nach: „Ihr Idioten, ihr habt kein Gedächtnis!“ Er rief ihnen nach: „An Hägendorf werdet ihr vorbeikommen“, und er glaubte, er verderbe ihnen damit den Spaß.

Er rief: „Sie Dummkopf, Sie sind schon gestern gefahren.“ Und als die Leute nur lachten, begann er sie von den Trittbrettern zu reißen und beschwor sie, ja nicht mit dem Zug zu fahren.

„Ich kann Ihnen alles erklären“, schrie er, „Sie kommen um 14 Uhr 27 an Hägendorf vorbei, ich weiß es genau, und Sie werden sehen, Sie verbrauchen Ihr Geld für nichts, im Fahrplan steht alles.“

Bereits versuchte er, die Leute zu verprügeln. „Wer nicht hören will, muss fühlen“, rief er.

Da blieb dem Bahnhofsvorstand nichts anderes übrig, als dem Mann zu sagen, dass er ihm den Bahnhof verbieten müsse, wenn er sich nicht anständig aufführe. Und der Mann erschrak, weil er ohne Bahnhof nicht leben konnte, und er sagte kein Wort mehr, saß den ganzen Tag auf der Bank, sah die Züge ankommen und die Züge wegfahren, und nur hie und da flüsterte er einige Zahlen vor sich hin und er schaute den Leuten nach und konnte sie nicht begreifen.

Hier wäre die Geschichte eigentlich zu Ende. Aber ...

... ich sagte, es gebe aber Leute, die

3 *Wie könnte die Geschichte vom „Mann mit dem Gedächtnis“ weitergehen? Schreibe einen Schluss in dein Heft.*

Für die **Wiedergabe von direkter Rede** gibt es neben der **indirekten Rede** noch andere Möglichkeiten, z. B.:
- **wörtliche Rede**: Ich fragte: *„Wie spät ist es?“*
- einen **dass-Satz**: Margot antwortete, *dass wir aufbrechen müssten.*
- eine **Infinitivkonstruktion**: Margot *sprach von der Gefahr*, den Zug zu verpassen.
- eine **Paraphrase**: Margot *mahnte zum Aufbruch.*

4 *a) Unterstreiche im folgenden Zeitungsartikel alle Stellen, an denen die Verfasserin fremde Äußerungen wiedergibt.*
b) Bestimme, um welche Form der Redewiedergabe es sich handelt.

Nürnberger Modell mit Vorbildcharakter

Schulschwänzer: aus Langeweile in die Kriminalität

von Christiane Wimmer

Nürnberg – Für Schulschwänzer hat der 28-jährige Polizeiobermeister Andreas E. auf seinen Streifengängen schon fast ein untrügliches Gespür entwickelt: An diesem Morgen gegen 9.30 Uhr macht sich Kevin verdächtig, der recht ziellos in der Computerabteilung eines großen Kaufhauses umherstreift. Tatsächlich stellt sich heraus: Er müsste eigentlich seit einer halben Stunde im Mathematikunterricht sitzen.

„Ich habe verschlafen und wäre sowieso zu spät gekommen“, murmelt der 15-Jährige mit rotem Kopf. Er wird erst frech, dann ziemlich kleinlaut und blass, als der Polizist seine Personalien aufnimmt, das Handy zieht und im Sekretariat der Schule den Fall meldet. Mit seiner Kollegin Petra W. bringt er den inzwischen höchst schweigsamen „Sünder“ gleich mit dem Wagen in die Schule.

„Wir liefern die Kinder natürlich nie direkt im Klassenzimmer ab, sondern immer erst im Sekretariat. Schließlich sollen sie nicht an den Pranger gestellt, sondern gewarnt werden“, sagt Walter Kimmelzwinger. Der stellvertretende Leiter der Polizeidirektion Nürnberg ist einer der „Väter“ des bundesweit bisher einmaligen Schulschwänzerprogramms, das seit zwei Jahren versucht, in Zusammenarbeit mit den städtischen Schul- und Jugendbehörden notorische Blaumacher zurückzuholen. Bisher mit beachtlichem Erfolg: Die Zahl der säumigen Schüler ist hier im Schuljahr 1998/99 von 122 im Vorjahr um fast die Hälfte auf 70 gesunken.

Innenminister Günther Beckstein, selbst ein Nürnberger, misst dem Nürnberger Modell Vorbildcharakter zu. Die Polizei als verlängerten Arm der Schulen zu sehen, ist das nicht etwas übertrieben? „Nein“, sagt Beckstein, „hier geht es keineswegs um Schüler, die aus Bequemlichkeit mal ein paar Stunden daheimbleiben. Es handelt sich um Kinder, die oft wochenlang dem Unterricht fernbleiben und dann aus Langeweile in die Kriminalität abrutschen.“ Langeweile, gerade im Warenhaus, mache Diebe.

Um dies zu verhindern, gibt es in Nürnberg 15 so genannte „Schul-Verbindungsbeamte“. Eine von ihnen ist Petra W., die mit viel Engagement bei der Sache ist, auch wenn ihre Klientel manchmal rotzfrech ist. „Das Wort ‚Freistunde‘“, so Petra, „ kann ich schon nicht mehr hören!“

Z. 7–8: Paraphrase; Z. 9–10: wörtliche Rede, ...

Der Zeitungsartikel über Schulschwänzen hat in der Klasse 7 b eine heftige Diskussion ausgelöst. Hier einige Stimmen der Schülerinnen und Schüler:

MONIKA: „Man spart wirklich viel Geld, wenn man ein paar Tage vor Ferienbeginn in den Süden fliegt."

KHALIL: „Wenn meine Mutter an ihrem Arbeitsplatz einen Tag vor Urlaubsbeginn fehlt, wird sie bestimmt entlassen."

SANDRA: „Ich habe im Fernsehen diese Kinder morgens im Kaufhaus gesehen. Da muss man doch was gegen tun?"

SUSANNE: „Warum mischt sich der Staat eigentlich in alles ein?"

FRANZ: „Ich finde, dieses Theater ist völlig überflüssig! Bis jetzt ist die Schule noch keinen Tag ausgefallen, weil keine Schüler da waren."

SABRINA: „Wenn ich mal blaumache, halten mir meine Eltern eine Standpauke. Aber sie merken es ja nicht immer."

MAX: „Ich glaube, wenn man den Direktor offiziell um Erlaubnis fragt, ist es kein Problem, etwas eher freizubekommen."

PILAR: „Ich würde mich einfach krankmelden, wenn ich einmal keine Lust habe. Das kontrolliert doch keiner."

5 *Probiere verschiedene Formen der Redewiedergabe aus:*

Monika meint, dass man wirklich viel Geld spare, wenn man ein paar Tage vor Ferienbeginn in den Süden fliege.

6 *Diskutiere das Thema mit Mitschülern, Eltern und Lehrern.*
Schreibe dann einen Bericht über die Umfrageergebnisse in dein Heft, in dem du mit verschiedenen Formen der Redewiedergabe die geäußerten Standpunkte festhältst.

Modalverben

> **!**
> Die Verben *können, müssen, wollen, sollen, dürfen, mögen* nennt man Modalverben, da sie den Inhalt eines anderen Verbs modifizieren, also in seiner Bedeutung verändern. In der Regel werden diese **Modalverben in einem Satz mit einem Vollverb verbunden**. Das Vollverb steht dann im Infinitiv.
> Beispiele: „Fabian ***kann*** *singen.*" (= Fabian hat die *Fähigkeit/Möglichkeit* zu singen.)
> „Sophia ***muss*** beim Aufräumen *helfen.*" (= Sophia ist *gezwungen* zu helfen.)

1 *Was wäre die Schule ohne eine Hausordnung?*
Formuliere die folgenden Regeln in Sätze mit den passenden Modalverben um und schreibe diese in dein Heft.

Hausordnung

1. Für die pflegliche Behandlung aller schulischen Einrichtungen und der ausgeliehenen Lehr- und Lernmittel ist jeder Benutzer/jede Benutzerin mitverantwortlich.
2. Beschädigungen und Verluste sind dem Klassenlehrer, Hausmeister oder dem Sekretariat unverzüglich zu melden.
3. Nach der letzten Unterrichtsstunde sind die Fenster zu schließen und das Licht auszuschalten.
4. Auf dem gesamten Schulgelände und in den Gebäuden ist das Rauchen nicht gestattet.
5. Abfälle gehören in die dafür vorgesehenen Behälter.
6. Während der Unterrichtszeit ist der Gebrauch von Handys nicht zulässig.
7. Vor Beginn des Unterrichts und während der Pausenzeiten stehen den Schülerinnen und Schülern Pausenhalle sowie Schulhof zur Verfügung.

2 *Und was ist dir wichtig? Formuliere selbst fünf Regeln in deinem Heft, an die sich deiner Ansicht nach jede/r in der Schule oder in der Klasse halten sollte.*

3 a) *Erkläre, was mit dem Gedicht „Demokratie" ausgedrückt werden soll. Berücksichtige dabei auch seinen Titel.*

b) *Bei seiner Konjugation von „wollen" hat der Dichter zwei Personen weggelassen. Bilde diese beiden Formen:*

c) *Setze Mathias Schreibers Gedicht ins Präteritum.*
Wie verändert sich dadurch seine Bedeutung?
Ergibt der Text so noch einen Sinn?

Mathias Schreiber
Demokratie

Ich will
du willst
er will
was wir wollen
geschieht
aber was geschieht
will keiner von uns

4 *Schreibe ähnliche kleine Gedichte mit anderen Modalverben. Probiere dabei unterschiedliche Tempora und verschiedene Personen aus. Suche passende Titel für deine Gedichte.*

> **!** Auch von Modalverben können Konjunktivformen gebildet werden, z. B.:
> „können“ → Konj. I: „er könne“ Konj. II: „er könnte“
> „dürfen“ → „sie dürfe“ „sie dürfte“

5 *Setze in den folgenden Text die passenden Modalverben im Konjunktiv II ein.*

Monika steht mit gerunzelter Stirn in ihrem Zimmer, kratzt sich den Kopf und __________ am liebsten weglaufen. Irgendwie hat ihre Mutter nicht ganz Unrecht: Dieses Schlachtfeld __________ wirklich mal wieder aufgeräumt werden! Sie __________ zum Beispiel damit anfangen, die schätzungsweise 15 T-Shirts, 38 Socken und 27 Unterhosen, die sich auf, unter und hinter allen Möbeln tummeln, in die Waschmaschine zu stecken. Die saubere Wäsche __________ sie dagegen vielleicht doch in den Kleiderschrank räumen, bevor die Staubschicht darauf noch dicker wird. Apropos Staub: Dass der Staubsauger einen Besuch in ihrer heiligen Halle gemacht hat, __________ jetzt wohl auch fast ein halbes Jahr her sein. Die leeren Joghurtbecher und alten Bananenschalen wegzuwerfen, __________ den Geruch im Zimmer bestimmt verbessern. __________ sie vielleicht auch ihre Schreibtischplatte von den Dutzenden Zeitschriften und Postern befreien? Ach nein, dann __________ sie ja ihre Hausaufgaben hier machen und nicht unten in der Küche. „Na, dann mal los“, denkt Monika. „Moni“, ruft im gleichen Moment die Mutter von unten, „komm ans Telefon, deine Freundin Nina ist am Apparat.“ „Das __________ jetzt nicht passieren __________!“, freut Moni sich und rennt ohne Bedauern blitzschnell die Treppe hinunter.

6 *Setze in die folgende Anekdote die angegebenen Verben im Konjunktiv ein:*

wollen   machen   halten   müssen   sein   haben
haben   dürfen   haben   werden   wollen

König Friedrich II. ging einst in der Dämmerstunde in seinem Schloss zu Potsdam durch den Empfangssaal. Er fand sonst niemand darin anwesend als einen Handwerker, der sich bemühte, auf einer Leiter zu einer Wanduhr zu gelangen. Der König fragte den Handwerker, was er da __________ . Unbefangen erwiderte dieser, er __________ der Hofuhrmacher. Der Hausintendant __________ befohlen, die Uhr zu reparieren. Nun __________ er sie eben abnehmen, aber die Leiter __________ nicht auf den blanken Dielen. Er __________ nur hinaufsteigen, er __________ die Leiter halten, sagte der König. – Am nächsten Tag erhielt der König die Mitteilung, jemand __________ eine Uhr aus dem Empfangssaal gestohlen. Der König schmunzelte und meinte, in diesem Fall __________ er nicht streng sein. Er __________ selbst die Leiter gehalten, also sozusagen mitgestohlen. Deshalb __________ man den Dieb laufen lassen.

Satzglieder und Satzgliederweiterungen

Der „Satz“

↓

Satzglieder

- **Subjekt**
  Wer?/Was?
  Nominativ
- **Prädikat**
- **Objekt**
  - **Genitivobjekt** – *Wessen?* Genitiv
  - **Dativobjekt** – *Wem?* Dativ
  - **Akkusativobjekt** – *Wen?/ Was?* Akkusativ
  - **Präpositionalobjekt** – *Auf was? Worauf? Über was?*
- **Adverbiale Bestimmung**

Temporal	*Wann?*
Lokal	*Wo?*
Kausal	*Warum?*
Modal	*Wie?*
Final	*Wozu?*
Konditional	*Unter welcher Bedingung?*
Konzessiv	*Trotz wessen?*
Konsekutiv	*Mit welcher Folge?*

Satzglied-erweiterungen
von Subjekt, Objekt, adverbialer Bestimmung

↓

Attribute

Die neue Schule	**öffnet**	**ihre Tore**	**im August.**
(Attribut) Subjekt	Prädikat	Objekt (Akkusativobjekt)	Adverbiale Bestimmung (der Zeit)

Satzgliedproben

- **Umstellprobe:** Im August | öffnet | die neue Schule | ihre Tore.
- **Frageprobe:** Wer | öffnet | seine Tore | im August? | Die neue Schule.
- **Ersatzprobe:** Sie | öffnet | ihre Tore | im August.
- **Weglassprobe:** Die neue Schule | öffnet | ihre Tore. | ~~im August~~
- **Erweiterungsprobe:** Die neue Schule | öffnet | ihre Tore | im August | für 600 Mädchen und Jungen.

Henning Mankell erzählt in dem Jugendbuch „Die Schatten wachsen in der Dämmerung“ die Geschichte von einem schwedischen Jungen.
Joel wird bald zwölf und möchte endlich mal was Besonderes erleben, aber in dem Kaff, in dem er wohnt, ist anscheinend gar nichts los. Dann aber passiert doch etwas ...

1 *Bestimme in den folgenden Sätzen die Satzglieder und Satzgliederweiterungen.*

Attribut — Prädikat — Subjekt — Attribut — Akkusativobjekt

a) Am frühen Nachmittag verließ Papa Samuel gut gelaunt das Haus.

temporale adverbiale Bestimmung — modale adverbiale Bestimmung

b) Zu seiner Freude war Joel endlich allein.

c) Er packte wegen der Kälte eine Thermoskanne in einen Rucksack.

d) Beim Aufbruch dachte er noch kurz an seinen besorgten Vater.

e) Zur Sicherheit blickte er sich noch einmal um.

Adverbiale Bestimmungen und Präpositionalobjekte

!

Satzglieder, die auf die Fragen „Wann ...?“, „Wo ...?“, „Warum ...?“, „Wie ...?“ usw. antworten, nennt man **adverbiale Bestimmungen**. Sie werden nach dem Umstand einer Situation, den sie näher angeben, unterschieden. Sie können den Ort (**lokal**), die Zeit (**temporal**), die Art und Weise (**modal**), den Zweck (**final**), den Grund (**kausal**), die Bedingung (**konditional**), die Folge (**konsekutiv**) oder die Einschränkung (**konzessiv**) näher bestimmen.
Beispiel: „*Spät in der Nacht* kam Joel zurück.“ *Wann* kam Joel zurück? (temporale adverbiale Bestimmung)
Um ein **Präpositionalobjekt** handelt es sich immer dann, wenn das Prädikat eine **ganz bestimmte Präposition** erfordert, die dann **auch im Fragewort** für dieses Satzglied enthalten ist (z. B. „worauf?“, „worüber?“, „wonach?“).

Beispiele: „Sein Vater wartete *auf ein Lebenszeichen.*“ *Worauf* wartete sein Vater? (Präpositionalobjekt)
„Sein Vater wartete *auf einer Bank.*“ *Wo* wartete sein Vater? (adverbiale Bestimmung).

1 *Bestimme bei den farbig hervorgehobenen Satzgliedern jeweils, ob es sich um eine adverbiale Bestimmung oder um ein Präpositionalobjekt handelt. Die Informationen im oben stehenden Merkkasten helfen dir dabei.*

Henning Mankell

Die Schatten wachsen in der Dämmerung

In seiner Heimatstadt im Norden Schwedens gerät Joel eines Tages unter einen Bus. Ohne jegliche Schramme überlebt er den Unfall und hat das Bedürfnis, sich bei irgendjemandem zu bedanken. Aber bei wem? Joel sucht Rat bei seiner Freundin Gertrud, die bei einer Operation ihre Nase verloren hat.

Er beschloss, noch am selben Abend die nasenlose Gertrud zu besuchen. „Bleib nicht so lange“, sagte sein Vater. „Und geh immer schön auf dem Fußweg.“

„Mach ich“, sagte Joel. „Ich bleibe nicht lange. Zwei Stunden höchstens.“ Dann lief er über den Fluss. Vor Gertruds Gartentor musste er erst mal nach Luft schnappen. Der kalte Herbstwind kratzte in der Brust.

In einem Punkt konnte Joel sicher sein, was Gertrud anging: Sie hatte keine Nase mehr. Aber das war auch alles. Aus Gertrud wurde Joel nicht klug. Sie war nicht wie die anderen Tanten. Die gingen schwarz gekleidet, liefen in Galoschen herum und hatten immer braune Handtaschen bei sich. Gertrud aber nie. Joel hatte mehrere Abende in ihrer Küche gesessen und zugesehen, wie sie ihre Nähmaschine trat. Aus alten Kleidern nähte sie neue. Sie konnte zwei Mäntel zerschneiden und einen neuen daraus nähen. Dann probierte sie ihn an und Joel half ihr beim Abstecken. Manchmal saß sie auch auf einem Küchenstuhl und weinte. Aber über Besuch von Joel freute sie sich immer. Und in diesem Fall war Joel ja auch auf ihre Ratschläge gespannt. Es war still in der Küche. Joel lauschte und presste das Ohr gegen die kalte Tür. Dann zog er an der Schnur. Sofort begann es hinter der Tür zu läuten.

Zur Erinnerung: Die Satzarten

Einfache Satzarten sind **Aussage-, Frage- oder Aufforderungssätze**. In Texten erkennst du sie an den Satzschlusszeichen: Punkt, Frage- oder Ausrufezeichen. Manchmal, insbesondere in der direkten Rede, bleiben die Sätze aber unvollständig. Dann fehlt z. B. das Prädikat oder das Subjekt im Satz. Für den Leser oder Zuhörer ergibt sich die fehlende Information aus dem Textzusammenhang (Kontext).
In der **Schriftsprache** sollen **nur vollständige Sätze** formuliert werden.

Die hier abgedruckte Szene findest du am Ende des Buches „Mensch Karnickel“ von Rudolf Herfurtner.

Rudolf Herfurtner
Seifenkistenrennen

Dann richtete sich Clemens langsam auf und sah das Seifenkistenauto an und sagte: „Kann es fahren?“
„Ist noch nicht ganz fertig“, sagte Timo und stand auch auf. „Aber es fährt schon. Komm!“ [...] Der Mühlberg war ein ansehnliches Stück Gefälle und so weit weg von allem Verkehr, dass man hier ideal Seifenkistenauto fahren konnte. Timo schob das Seifenkistenauto den Berg hoch und machte es startbereit.
„Also los!“, sagte er. „Du zuerst“, sagte Clemens.
„Gut“, sagte Timo und setzte sich hinein. „Schieb an!“ Clemens schob an und Timo ratterte mit „Juchhu!“ den Berg hinunter. Dann schob er das Seifenkistenauto wieder hoch. „Ganz einfach“, sagte er. „Jetzt du!“ Aber Clemens traute sich nicht. „Dann den halben Berg“, sagte Timo. Sie gingen den halben Berg wieder runter. Dann setzte Clemens sich in das Seifenkistenauto. Timo gab ihm einen kleinen Schubs und Clemens rollte los. Er rollte nicht sehr schnell, aber er stieß einen mächtigen Schrei aus voller Lust und Angst. „Und jetzt von oben!“
„Nein!“
„Doch!“
„Dann fahren wir zu zweit.“
Sie schoben das Seifenkistenauto ganz hoch.

1 *a) Im Text ist ein Gespräch wiedergegeben. Unterstreiche die unvollständigen Sätze in der direkten Rede.*
b) Ergänze diese Sätze zu vollständigen Sätzen.

Timo: „Warte!“ Timo bat: „Bitte warte auf mich!“

Die Satzreihe

!

Ein zusammengesetzter Satz, der aus zwei oder mehr Hauptsätzen besteht, wird Satzreihe genannt.

- Die **selbstständigen Teilsätze** einer Satzreihe werden durch Komma voneinander abgetrennt, z. B.: „Die Sonne schien, wir gingen zum Strand."
- Meist werden die Hauptsätze mit **nebenordnenden Konjunktionen** verbunden. Diese Konjunktionen können Hauptsätze aneinanderreihen (z. B. „und", „oder") oder die Aussagen der Hauptsätze einander entgegenstellen (z. B. „aber", „sondern").
- Sind die Hauptsätze durch **nebenordnende Konjunktionen** wie „und", „oder", „weder ... noch", „entweder ... oder" miteinander verbunden, *kannst* du ein **Komma** zur Verdeutlichung setzen, du musst es aber nicht, z. B.: „Die Tasche war gepackt (,) *und* wir wollten zum Strand gehen."
- Wenn die Teilsätze in einer Satzreihe mit einer **entgegenstellenden Konjunktion** wie „aber", „sondern", „jedoch", „doch" verbunden werden, *musst* du ein **Komma** vor die Konjunktion setzen, z. B.: „Der Strand war wunderbar, *aber* die Stadt war total überlaufen."

1 *Schreibe den Text ab und setze dabei die fehlenden Satzzeichen. Entscheide, wo du Teilsätze durch ein Komma abtrennen musst, wo du ein Komma zur Verdeutlichung setzen willst oder wo du lieber einen Punkt setzen möchtest.*
Achte auch auf die veränderte Großschreibung am Satzanfang.

Gert Kreyser
Gefährlicher Urlaub

VORSICHT FEHLER!

Der Urlaub wird von vielen als Kontrastprogramm verstanden sie leben nach dem Motto Erholen können wir uns hinterher zu Hause

eines scheint sicher der deutsche Urlauber hat ungeahnte Aktivitäten entwickelt die Zeit des stumpfen Faulenzens und gefährlichen Sonnengrillens ist vorbei Aktivurlaub ist das neue Schlüsselwort und nicht nur die Jungen sind begeistert auch die Älteren wählen diese Form des Urlaubs ein Urlaubsort ohne Trimmpfad und Fitness-Studio gilt inzwischen als rückständig und jedes bessere Gebirgsdorf zeichnet seine gipfelstürmenden oder almwandernden Gäste mit goldenem Edelweiß oder silberner Gams aus zuhauf wird an allen möglichen Stränden unter fachkundiger Anleitung Morgengymnastik betrieben der Volleyballplatz gehört zur Einrichtung von Ferienlagern im heißen Süden werden auf Tennisplätzen Bälle gedroschen und nie zuvor herrschte auf über und unter dem Wasser ein derartiger Betrieb Taucher Segler Windsurfer Wasserskifahrer und Schnorchler kommen einander in die Quere

die in Bürostuhl Autositz und Fernsehsessel erschlafften Deutschen haben sich so ins angeblich gesunde Urlaubsleben gestürzt dass es schon wieder ungesund ist die Ärzte warnen vor zu viel Stress im Urlaub die Unfälle häufen sich angesichts dieser Entwicklung ist es vielleicht zu Hause auch ganz schön.

2 *Verbinde die Teilsätze mit einer nebenordnenden Konjunktion.*
Entscheide, wo du ein Komma zur Verdeutlichung setzen willst und wo ein Komma gesetzt werden muss.

Reisen erhält eine neue Qualität. Tempo und Leistung gewinnen im Urlaub an Bedeutung.

Immer mehr Touristen suchen Erlebnis statt Erholung. Auch die Einstellung zur Freizeitgestaltung wandelt sich.

Manche sehen im Job ein notwendiges Übel. Das eigentliche Leben findet im Urlaub statt.

Mitte der Sechzigerjahre beginnt das Jet-Zeitalter. Moderne Großraumflugzeuge überwinden in kürzester Zeit weite Strecken.

Flughäfen werden ausgebaut. Charterfluggesellschaften erleben einen Aufschwung.

Auch entferntere Reiseziele sind jetzt erreichbar. An der spanischen Costa del Sol und auf der Mittelmeerinsel Mallorca entstehen Zentren des Massentourismus.

Überhöhte Preise verringern nicht die Reiselust.
Überfüllte Urlaubsorte halten nicht von der Reise ab.

Die Reisenden buchen schon zu Hause ein Hotel.
Man sucht erst nach der Ankunft ein Zimmer.

Das Satzgefüge

!

Sätze, die aus mindestens einem **Hauptsatz und** einem **Nebensatz** bestehen, nennt man Satzgefüge.
Ein Nebensatz kann nicht ohne Hauptsatz stehen. Er wird meist mit einer **unterordnenden Konjunktion** (z. B. „weil“, „dass“, „nachdem“, „wenn“ ...) oder mit einem **Relativpronomen** (z. B. „der“, „die“, „das“, „welcher“, „welche“, „welches“) eingeleitet, die Personalform des Verbs steht am Ende.
Haupt- und Nebensatz werden durch **Komma** getrennt, wobei der Nebensatz **vor** dem, **hinter** dem oder **eingebettet** in den Hauptsatz stehen kann, z. B.:

„Till kämpfte gegen den Wind,
HS
weil er so stark blies.“
Konj. NS

1 *Unterscheide bei den folgenden Sätzen Hauptsatz und Nebensatz, indem du die einleitende Konjunktion bzw. das Relativpronomen des Nebensatzes umkreist und passende Stufenmodelle zeichnest.*

a) Gestern bekamen wir in der Schule hitzefrei, weil es sehr heiß war.

HS ,
NS

b) Auf dem Heimweg froren wir im Schulbus, weil die Klimaanlage lief.

c) Wir können, wenn deine Eltern es erlauben, zum See fahren.

d) Damit du dir keinen Sonnenbrand holst, musst du Sonnencreme benutzen.

e) Als wir vor zwei Wochen im See badeten, war das Wasser noch sehr kalt.

f) Und während wir im See badeten, zogen Wolken auf.

g) Dicke Wolken zeigten, dass es in der Nacht ein Sommergewitter geben würde.

h) Obwohl es immer kühler wurde, fuhren wir nicht nach Hause.

i) Wir zogen uns Badetücher, die noch trocken waren, über die Schultern und blieben.

!

Einleitung des Nebensatzes mit Relativpronomen
Nebensätze, die mit einem Relativpronomen (z. B. „der", „die", „das" oder „welche", „welcher", „welches") eingeleitet werden, heißen **Relativsätze**. Relativsätze nehmen oft die Stellung eines Attributs ein, sie heißen dann auch Attributsätze.
Wie ein Attribut gibt ein Relativsatz **nähere Informationen über sein Bezugswort** und kann nur zusammen mit diesem umgestellt werden.
Ein Relativsatz wird durch **Komma(s)** vom übergeordneten Satz abgetrennt, der das Bezugswort enthält.

Beispiel: „Das Reisemagazin, *das* (*welches*) Till mitbrachte, enthält viele verlockende Angebote."

5 *Bilde Satzgefüge mit Relativsätzen.*

Extremabenteurer wie Reinhold Messner füllen mit „Panoramavisionen" ganze Sporthallen. Diese Visionen sind eine fortgeschrittene Variante des Diavortrages.

Jeder Fernsehsender greift mit seiner Programmgestaltung das Interesse an fremden Kulturen auf. Täglich zeigt er Berichte über ferne und nahe Reiseziele.

Oder die Fernsehsender senden Spielfilmserien. Meist werden sie an südlich-sonnigen Drehorten produziert.

Millionen von Menschen lassen sich durch Expeditionsreportagen beeindrucken. Die Reportagen berichten oft von waghalsigen Abenteuern.

Das Fernsehpublikum will inzwischen wie Pauschaltouristen eine Bergbesteigung buchen. Es hat Berichte von Expeditionen gesehen.

!

Einleitung des Nebensatzes mit einer unterordnenden Konjunktion
Werden Nebensätze mit unterordnenden Konjunktionen (z. B. „als“, „da“, „weil“, „obwohl“ ...) eingeleitet, nehmen sie oft die Stelle einer adverbialen Bestimmung ein, sie heißen dann Adverbialsätze (▷ S. 56), z. B.:

Beispiele: „Trotz des anhaltenden Regens reisten keine Urlauber ab.“
adverbiale Bestimmung

„*Obwohl* es anhaltend regnete, reisten keine Urlauber ab.“
Adverbialsatz

6 *Bilde zu den unterstrichenen adverbialen Bestimmungen Satzgefüge mit Adverbialsätzen.*

Mit der Ausbreitung des Abenteuertourismus wird es modern, den Urlaub in exotischen Regionen zu verbringen.

Angesichts des großen Angebots ist es nicht mehr notwendig, sich lange vor Reisebeginn für das Ziel zu entscheiden.

Auf Grund der Möglichkeit der Last-Minute-Reisen werden Reiseentscheidungen kurzfristiger als früher getroffen.

Trekking im Himalaja

15. August
6 Uhr Wecken. (...) Nach dem Frühstück Zeltabbau, Waschen am Bach und gegen 8 Uhr Abmarsch Richtung „kleiner Pass“. Der stellt sich aber als so anstrengend wie die übrigen heraus. Vom Bach aus muss erst eine kleine Anhöhe genommen werden, dann geht es steil nach oben bei sengender Hitze. Mücken umschwirren uns, weil wir ordentlich schwitzen. Ohne nennenswerte Pause geht es nach oben. Um 11.10 Uhr erreichen wir die Passhöhe. (...) Einstündige Rast, weil der Aufstieg für unsere beiden Patienten (Maria: Knieprellung, Nikolaus: Hexenschuss) sehr anstrengend ist.

Doch sie schlagen sich prächtig und kommen noch vor den Letzten an. Nach 12 Uhr machen wir uns an den Abstieg. Zunächst sehr steil und felsig, dann auf teils sandigem, teils schotterigem Weg und einigermaßen flach steigen wir zum Zanskar-Fluss herab. Die Hitze trocknet uns fast aus. Überm Weg flimmert die Luft. Mit nur kurzen Trinkpausen gehen wir durch, hoch und steil überm Zanskar bis zu einem Zufluss, wo wir kurz vor 15 Uhr eintreffen.

7 *Verfasse auf der Grundlage der Tagebuchnotizen in deinem Heft einen Reisebericht.*
Bilde – wenn möglich – Satzgefüge mit passenden unterordnenden Konjunktionen.

Nachdem wir morgens um 6 Uhr geweckt worden waren, mussten wir erst frühstücken.

Anschließend ...

!

Adverbialsätze
Nebensätze, die die Rolle eines Satzgliedes einnehmen, nennt man Gliedsätze. Bei der Umstellprobe lassen sie sich alleine verschieben.
Gliedsätze können die Stellung von adverbialen Bestimmungen einnehmen. Dann nennt man sie auch **Adverbialsätze**. In der Regel werden sie mit Konjunktionen eingeleitet und durch ein **Komma** vom Hauptsatz abgetrennt.
Beispiel: „*Wegen seiner auffallenden Narbe* sprach man in der ganzen Nachbarschaft von ihm."
„*Weil seine Narbe auffallend war*, sprach man in der ganzen Nachbarschaft von ihm."

Adverbialsätze lassen sich nach dem Inhalt unterscheiden, z. B.:

- **Temporalsätze** („als", „nachdem") geben das Zeitverhältnis an.
  „*Nachdem* du den Versuch vorbereitet hast, kannst du beginnen."
- **Kausalsätze** („weil", „da") geben den Grund oder die Ursache an.
  „Nimm dir Zeit, *weil* du konzentriert arbeiten musst."
- **Finalsätze** („dass", „damit") geben den Zweck an.
  „Notiere die Messdaten, *damit* du sie nicht vergisst."
- **Modalsätze** („indem") geben die Art und Weise an.
  „Man erhitzt die Flüssigkeit, *indem* man sie in einem Kolben über eine Flamme hält."
- **Konditionalsätze** („wenn", „falls", „sofern") geben die Bedingung an.
  „*Wenn* man Draht erhitzt, dehnt er sich aus."
- **Konsekutivsätze** („sodass", „dass") geben die Folgen oder Wirkungen an.
  „Ich führe so gerne chemikalische Versuche durch, *dass* ich mir sogar einen Chemiebaukasten wünsche."
- **Konzessivsätze** („obwohl") geben eine Einschränkung an.
  „*Obwohl* mein Vater wenig Zeit hat, bauen wir zusammen Versuche auf."
- **Adversativsätze** („während") geben Gegensätzliches an.
  „*Während* mich Chemie interessiert, findet mein Schwester Experimente langweilig."

8 *Unterstreiche in den folgenden Versuchsbeschreibungen die Adverbialsätze und umkreise die Konjunktion, die jeweils den Adverbialsatz einleitet. Schreibe an den Rand, um welche Art des Adverbialsatzes es sich handelt.*

Warum friert man leicht, wenn man im Sommer nach dem Schwimmen aus dem Wasser kommt?

Lass eine Flasche Wasser und eine Flasche Alkohol über Nacht nebeneinander stehen, sodass sie am nächsten Morgen die gleiche Temperatur haben. Gieße einen Tropfen Wasser und einen Tropfen Alkohol an verschiedenen Stellen auf eine Untertasse, damit du die Verdunstung beobachten kannst. Obwohl beide Flüssigkeiten die gleiche Temperatur haben, verdunstet der Alkohol schneller als das Wasser. Nun gieße dir einige Tropfen Wasser auf den einen Handrücken und einige Tropfen Alkohol auf den anderen. Wie fühlen sich die beiden Flüssigkeiten an? Der Alkohol fühlt sich bestimmt kälter an. Das kommt daher, weil er schneller verdunstet. Wenn die Flüssigkeiten verdunsten, entziehen sie deiner Hand Wärme. Wind beschleunigt die Verdunstung.

Konsekutivsatz (Wirkung)

Sobald man aus dem Schwimmbecken kommt, treffen Luft und vielleicht auch Wind auf den Körper und beschleunigen die Verdunstung. Weil das Wasser dann sehr schnell verdunstet, friert man.

Warum tragen wir im Winter Wollsachen?

Nimm zwei Milchflaschen von gleicher Größe und einen Krug mit heißem Wasser. Miss die Wassertemperatur und notiere sie, damit du sie nicht vergisst. Fülle nun beide Milchflaschen bis zum Rand mit dem heißen Wasser und verschließe sie dann. Nachdem du eine der beiden Flaschen mit einem Wolltuch umhüllt hast, stellst du sie neben die andere an einen kühlen Platz.

Finalsatz (Zweck)

Miss die Wassertemperatur in den beiden Flaschen nach ungefähr einer halben Stunde erneut. Ist sie in den beiden Flaschen gleich? Das Wasser in der Flasche mit der Wollhülle ist wärmer, weil Wolle ein schlechter Wärmeleiter ist. Aus dieser Flasche ist daher weniger Wärme entwichen.

Wir tragen Wollkleidung, damit unsere Körperwärme nicht so leicht entweicht. Wolle ist ein schlechter Wärmeleiter, weil sie viele kleine Zwischenräume mit Luft enthält.

Wie kann man sich ein Thermometer selbst machen?

Nimm einen Glaskolben, einen Gummistöpsel mit einem Loch darin und ein Glasröhrchen, das gerade in den Stöpsel passt. Befeuchte den Gummistöpsel und das Glasröhrchen und stecke das Röhrchen dann in den Stöpsel. Verschließe den Glaskolben luftdicht mit dem Stöpsel, sodass nur durch das Glasröhrchen Luft in den Kolben treten kann.

Konsekutivsatz (Wirkung)

Drehe den Kolben nun um und tauche das Ende der Glasröhre in eine Schüssel mit Wasser. Halte den Kolben mit einem Ständer in dieser Stellung fest.

Wenn man das Wasser färbt, sieht man besser, was geschieht. Färbe das Wasser, indem du Eierfarbe oder ein bisschen Tinte hinzufügst.

Halte deine Hände an den Glaskolben, bis sich die Luft darin ausgedehnt hat und einige Luftblasen (acht bis zehn) entwichen sind. Nun hast du ein Luftthermometer. Wenn die Luft kälter wird, steigt das Wasser in dem Röhrchen. Dann zieht sich nämlich die Luft im Kolben zusammen und braucht weniger Platz. Wenn die Luft wärmer wird und sich ausdehnt, drückt sie nach unten in die Glasröhre. Dieses Thermometer steht auf dem Kopf, verglichen mit den normalen Thermometern. Der Kolben ist bei diesem Thermometer oben, während er bei den normalen Thermometern unten ist. Das Luftthermometer wurde von dem berühmten Italiener Galilei erfunden.

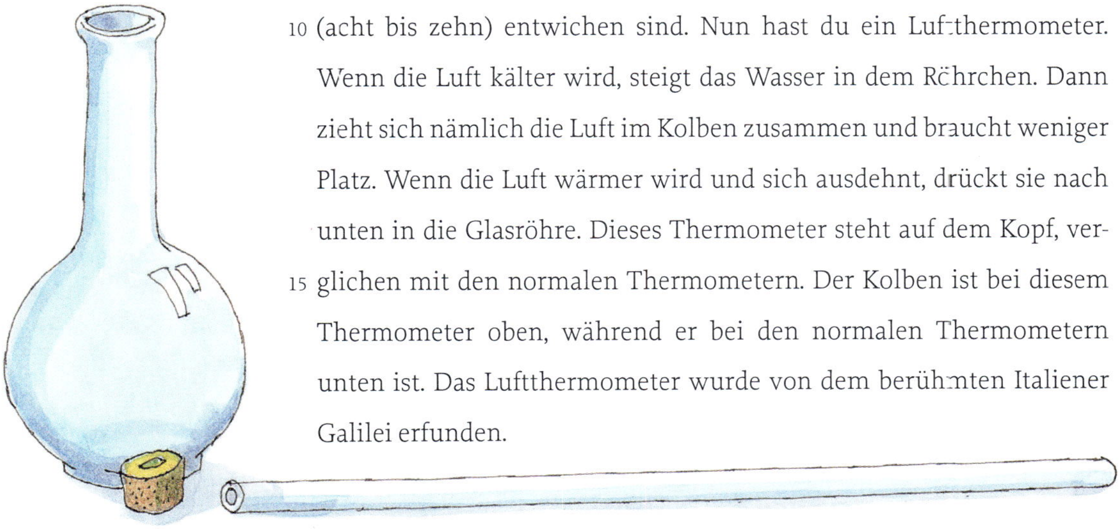

!

Subjektsätze und Objektsätze
Subjektsätze und Objektsätze sind Gliedsätze, weil sie die Stelle eines Satzglieds einnehmen. Sie übernehmen für den Hauptsatz die Rolle des Subjekts oder des Objekts.

Subjektsatz = NS , HS .

Objektsatz = NS , HS .

Der **Subjektsatz** lässt sich wie das Satzglied „Subjekt" erfragen, z. B.:
„Schade war nur, dass die eben aufgebauten Lachmuskeln schon gleich in der darauf folgenden Unterrichtsstunde wieder abschlafften."
Fragenprobe: (Wer oder) was war schade? – „..., dass die ... Lachmuskeln ... wieder abschlafften."

Der **Objektsatz** lässt sich wie das Satzglied „Objekt" erfragen, z. B.:
„Ich lese gerade, dass der Schriftsteller Eicke früher als Journalist gearbeitet hat."
Fragenprobe: (Wen oder) was lese ich gerade? – „..., dass Eicke früher als Journalist gearbeitet hat."

Subjekt- und Objektsätze werden durch ein Komma vom Hauptsatz abgetrennt.

9 *Subjektsätze oder Objektsätze? – Bestimme mit Hilfe des Satzes in Klammern, welches Satzglied zum Nebensatz geworden ist, und zeichne unter das Satzgefüge den Satzbauplan.*
Achtung! Nicht immer muss der Hauptsatz am Anfang des Satzes stehen. Ein Satz kann auch mit dem Nebensatz beginnen.

Objekt
(Ich träume oft etwas.)
Ich träume oft, dass ich fliegen kann.
HS , Objektsatz = NS .

(Etwas ärgerte mich.)
Mich ärgerte, dass der Zettelkram so viel Zeit kostete.

(Sandra wurde etwas klar.)
Sandra wurde klar, wie sie das Rätsel lösen konnte.

(Etwas hatte ich völlig vergessen.)
Dass er kommt, hatte ich völlig vergessen.

(Jemand kommt sicherer nach Hause.)
Wer vorsichtig fährt, kommt sicherer nach Hause.

(Ich hörte etwas.)
Ich hörte, dass es noch regnete.

!

Subjekt- und Objektsätze werden auch **Inhaltssätze** genannt, weil sie den Inhalt dessen angeben, was man „denkt", „sagt", „fragt", „wünscht", „vorschlägt", „erkennt" ...
Inhaltssätze stehen also oft bei **Verben des Sprechens** („sagen", „fragen", „behaupten" ...) sowie der sinnlichen und geistigen Wahrnehmung oder Tätigkeit („beobachten", „wissen" ...).
Sie können in Sätzen die Rolle von Subjekt oder Objekt übernehmen.

Beispiele	**Formen von Inhaltssätzen**
„Manche Schüler meinen, *dass* Lesen langweilig ist."	□ dass-Satz
„Julia überlegt, *ob* Computerspiele nicht spannender sind als Lesen." „Erwachsene fragen sich, *warum* Jugendliche heute so wenig lesen."	□ indirekter Fragesatz, eingeleitet mit z. B. „ob", „warum", „wie"
„Andere behaupten, nie Zeit zum Lesen *zu haben*."	□ Infinitivsatz

10 *Unterstreiche im folgenden Text (▷ S. 59–60) alle Inhaltssätze (Subjekt- und Objektsätze). Wähle für jede Form eine andere Farbe. (Du brauchst drei Farben.)*

Autorenlesung – ein richtiger Schriftsteller in der Schule

Gespannt warteten wir im Musiksaal, als endlich Wolfram Eicke, bepackt mit einer Gitarre und einer dicken Tasche, den Raum betrat. Wir begrüßten ihn mit stürmischem Applaus, denn wir hatten gehört, dass er extra für diese Lesung aus Lübeck angereist war. Gleich am Anfang fragte er uns, welche Hobbys wir haben, welche Musik wir gerne hören, ob wir gerne lesen. Zu seiner humorvollen und witzigen Art passte es, dass er uns zunächst ein lustiges Lied vorsang, denn er erklärte, dass man mit Sprache spielen kann. „Udo ging angeln. – Ein Boot treibt umgedreht auf dem See." Das Lied zeigte uns, dass bestimmte Bilder in unseren Köpfen durch die jeweilige Reihenfolge von Wörtern entstehen können. Denn wir fragten uns sofort, ob Udo untergegangen ist.

Dann las er seine Geschichte „Sie wollte es ausprobieren" aus der Sammlung von Liebesgeschichten „Herzflattern" vor. Die Geschichte handelt von Sabine, die in den Ferien mit ihren Eltern nach Dänemark fährt. Dort lernt sie einen Jungen kennen, mit dem sie zunächst nur Blicke austauscht. Beide wünschen sich, dass sie sich näherkommen können. Der lang ersehnte Kuss, für den man angeblich nur Mut braucht, war der Höhepunkt der Geschichte. Bei einer späteren Umfrage stellte sich heraus, dass diese Geschichte – oh Wunder – wirklich allen gefallen hatte.

Nach der Lesung und nach einer Pause, in der wir uns alle Autogramme holen konnten, war noch Zeit für Fragen an den Autor. Wir wollten wissen, wie er überhaupt zum Schreiben gekommen ist, wie sein Tag aussieht, was er gerne liest, ob er ein Vorbild hat und und und ... Er meinte, dass er gerne herumblödelt und am liebsten Leute zum Schmunzeln bringt. Wir erfuhren, dass er schon mit zehn Jahren anfing, kleine Geschichten zu schreiben. Als er 26 Jahre alt war, wurde sein erstes Buch veröffentlicht. Herr Eicke berichtete, dass er überall schreibt. Manchmal schreibt er auch die ganze Nacht durch. Unser Gast erklärte uns, warum er zuerst immer mit der Hand schreibt. „Mit dem Computer habe ich nach zwei Stunden vier wunderschöne, perfekte Sätze auf dem Bildschirm, aber ich habe den Faden für meine Geschichte verloren. Ich schreibe immer erst alles in eine Kladde, später gebe ich es in den Computer ein."

So erklärte er uns, wie er auf die Idee zum Buch „Blitzlicht" kam. Er war mit seiner Frau im Kino und fragte sich, wie die Kinder in den Film und die Werbung kommen. Daher begann er, sich für dieses Thema stärker zu interessieren. Wir erfuhren, dass er an diesem Jugendbuch ungefähr drei Monate lang gearbeitet hatte.

Nach einem weiteren Lied, „Einfach nur so“, waren leider diese wunderschönen Schulstunden zu Ende. Das war besonders schade, weil wir noch geplant hatten, ein neues Lied zusammen zu dichten. Wir fanden es jedenfalls toll, einmal einen richtigen Autor kennenzulernen und eine Lesung mitzumachen.

11 *Schreibe aus dem obigen Bericht die Verben heraus, die Inhaltssätze (Subjekt- oder Objektsätze) einleiten.*

12 *Bilde aus folgenden Sätzen Satzgefüge mit Inhaltssätzen (Subjekt- oder Objektsätzen) in verschiedenen Formen.*
Schreibe jeweils die Art der Satzbildung dazu.
Achte auch auf die Zeichensetzung: Zwischen Haupt- und Nebensatz steht ein Komma.

Die Schüler freuten sich. Sie lernten einen richtigen Schriftsteller kennen.

Die Schüler freuten sich, einen richtigen Schriftsteller kennen zu lernen. (Infinitivsatz)

Bis zur Autorenlesung wussten die meisten Jugendlichen nichts. Wie lebt und arbeitet ein Schriftsteller?

Die Schülerinnen und Schüler versuchten herauszufinden: „Warum und wann ist W. Eicke Schriftsteller geworden?“

Jemand fragte: „Haben Sie ein Lieblingsbuch?“

Dabei erfuhren sie etwas Interessantes. Eickes bisher größter Erfolg war ein Märchenbuch.

Viele Schüler nahmen sich etwas vor. Sie wollten Bücher von W. Eicke lesen.

Nach der Lesung war den Schülern klar: Autoren leben nicht auf großem Fuß.

!

Infinitivsätze
Als Infinitivsatz wird eine **Wortgruppe mit Infinitiv** bezeichnet.
Gliedsätze, also Adverbialsätze, Subjekt- und Objektsätze, können zu Infinitivsätzen verkürzt werden.
Dadurch lässt sich die Nennung des Subjekts vermeiden.

Beispiele: „Markus versprach, dass er wachsam sein werde.“ (Objektsatz)
„Markus versprach, *wachsam zu sein.*“

„Tanja verzichtet auf das Eis, damit sie Geld spart.“ (Finalsatz)
„Tanja verzichtet auf das Eis, *um Geld zu sparen.*“

Die Not der Familie Caldera

Als der Vater nach einem Betriebsunfall arbeitslos wird, müssen die Calderas eine Hütte im Elendsviertel beziehen. Die Schriftstellerin Gudrun Pausewang erzählt die Geschichte dieser Familie: „Fünf Jahre lang lebte ich in einer südamerikanischen Hafenstadt – einer heißen, schmutzigen, unglaublich schnell wachsenden Stadt. Ich kam mit den Armen kaum in Berührung. Ich arbeitete als Lehrerin in einer Schule für Kinder reicher Leute.“

1 *Unterstreiche die Infinitivsätze im folgenden Text.*
Forme diese Infinitivsätze in passende Gliedsätze um und bestimme sie.

Ich gebe zu, keine Armen zu kennen.

Ich gebe zu, dass ich keine Armen kenne. (Objektsatz)

a) Dort durchwühlten die Armen die Mülltonnen, um nicht zu verhungern.

b) Sie kamen an die Türen und hatten nur den Wunsch, auch einmal satt zu werden.

c) Da kamen eines Tages – kurz bevor ich die Stadt wieder verließ – zwei Kinder an meine Tür. Joselito führte seine kleine Schwester an der Hand, um sie nicht zu verlieren.

d) Er bat mich, ihm Geld oder etwas zu essen zu geben.

e) Er erklärte mir, dass er nicht arbeiten könne, weil er mit elf Jahren noch zu jung sei. Joselito bettelte, um seine Familie ernähren zu können.

Partizipialsätze
Wenn Hauptsatz und Gliedsatz ein gemeinsames Subjekt haben, kannst du den Gliedsatz verkürzend als Partizipialsatz formulieren. Ein Partizipialsatz ist eine **Wortgruppe mit Verb im Partizip**.
Ein erweitertes **Partizip Präsens (Partizip I)** drückt Gleichzeitigkeit mit dem Geschehen des übergeordneten Satzes aus.
Es wird aus dem **Stamm des Verbs** und der Endung **-(e)nd** gebildet.
Beispiel: „*Zum Hafen fahrend* streifte ich die Armenviertel.“
„Als ich zum Hafen fuhr, streifte ich die Armenviertel.“ (Temporalsatz)

Ein erweitertes **Partizip Perfekt (Partizip II)** drückt Vorzeitigkeit zum Geschehen des übergeordneten Satzes aus. Es wird aus der Vorsilbe **ge-**, dem **Stamm des Verbs** (bei starken Verben mit Änderung des Stammvokals „helfen – geholfen“) und der Endung **-(e)t** oder **-en** gebildet.
Beispiel: „*In meinem Mittagsschlaf gestört* öffnete ich mürrisch die Tür.“
„Weil ich in meinem Mittagsschlaf gestört worden war, öffnete ich mürrisch die Tür.“ (Kausalsatz)

2 *Unterstreiche im Text alle Partizipialsätze und forme diese in passende Gliedsätze um.*

a) Unserem Gespräch nur ungefähr lauschend fielen dem kleinen Mädchen immer wieder die Augen zu.

b) Von diesem Anblick erschüttert holte ich sie in die Küche und gab ihnen einen Teller Suppe.

c) Von Heißhunger getrieben löffelten sie die Suppe.

d) Über meine klimatisierten Räume staunend schauten sich die beiden Kinder um.

e) Mir misstrauend zögerte Joselito lange.

f) Er erzählte verzweifelt weinend die ganze Geschichte.

3 *Verkürze im folgenden Text alle Gliedsätze zu Infinitiv- oder Partizipialsätzen.*
Vergleiche deine Lösung mit dem vorgegebenen Text. Was stellst du fest?

Die ganze Familie musste betteln, weil sie arm geworden waren. Vater Caldera hoffte, dass er bald wieder eine Stelle finden würde. Die Kinder weinten viel, weil sie von Hunger gepeinigt wurden. Vater Caldera war zu stolz, als dass er seine Verwandten in den Bergen um Hilfe gefragt hätte.

Satzzeichen setzen

Kommasetzung bei Satzreihe, Satzgefüge und Apposition

- Teilsätze einer **Satzreihe** (Hauptsatz + Hauptsatz) werden durch Komma abgetrennt.
Sind die Teilsätze einer Satzreihe Hauptsätze durch **nebenordnende Konjunktionen** (▷ S. 51) verbunden, kann das Komma entfallen.
Sind die Teilsätze einer Satzreihe mit **entgegenstellenden Konjunktionen** (▷ S. 51) verbunden, muss ein Komma stehen.
- In einem **Satzgefüge** (Hauptsatz + Nebensatz) werden die Nebensätze mit einem Komma vom Hauptsatz abgetrennt (▷ S. 53).
- Die **Apposition** (nachgestellte nähere Bestimmung) wird in Kommas eingeschlossen, z. B.: „Karl Valentin, *ein Komiker aus München*, schrieb viele amüsante Dialoge."

1 a) *Füge im folgenden Text die fehlenden Kommas ein. Klammere anschließend diejenigen Kommas ein, die auch weggelassen werden können.*
b) *Unterstreiche alle Nebensätze und Appositionen und erkläre die Kommasetzung.*

Karl Valentin – Wortkünstler und Komödiant

VORSICHT FEHLER!

Karl Valentin, eigentlich Valentin Ludwig Fey, kommt am 4. Juni 1882 in Au einer Vorstadt von München zur Welt. Der Vater ein gelernter Tapezierer ist Kompagnon der Möbeltransportfirma Falk & Fey. Valentin absolviert die Volksschule dann erlernt er auf Wunsch des Vaters das Schreinerhandwerk und er besteht schließlich mit Erfolg die Gehilfenprüfung. 1902 tritt er in die Münchener Varieteeschule ein. Als aber im selben Jahr der Vater stirbt verlässt Valentin die Schule und er übernimmt die Firma die er jedoch vier Jahre später wieder verkauft. Inzwischen hat Valentin einen Musikapparat fertig gestellt dessen nahezu zwanzig Instrumente er gleichzeitig bedienen kann. Mit dem Apparat auf dem Rücken geht der junge Künstler der sich nun Charles Fey nennt auf Deutschlandtournee. Doch er hat fast nirgends Erfolg sodass er völlig mittellos nach München zurückkehrt. Etwa 1908 trägt er beim Baderwirt einen selbst verfassten Monolog vor der ihm zu unerwartetem Erfolg verhilft. Der Singspielhausbesitzer des Frankfurter Hofs welcher sehr gut an Valentin verdient engagiert ihn daraufhin. Schon nach wenigen Auftritten ist Valentin der populärste Komiker Münchens. Sowohl die alltäglichen Situationen als auch die Schwächen der Menschen macht er zum Inhalt seiner Stücke. Während des Zweiten Weltkrieges aber ist Karl Valentin immer seltener und schließlich gar nicht mehr auf der Bühne zu sehen. Da seine neuen Pläne nach den Kriegsjahren scheitern verarmt Valentin immer mehr. Es wird deutlich dass Valentin beim Publikum kaum noch Erfolg hat. Den letzten Auftritt hat er am 31. Januar 1948. Er ist gezeichnet von Hunger und einer schweren Erkältung an der er am 9. Februar desselben Jahres stirbt.

Apposition
→ Komma

!

Satzzeichen bei wörtlicher Rede
Die wörtliche Rede steht in **Anführungszeichen**. Entscheidend für die weiteren Zeichensetzungsregeln ist, ob der Redebegleitsatz vor, inmitten oder nach der wörtlichen Rede steht.
Ein **vorangestellter Redebegleitsatz** wird durch Doppelpunkt von der wörtlichen Rede abgesetzt.
Beispiel: *Die Deutschlehrerin fragt den Schüler:* „Kennst du Karl Valentin?"

Der **eingeschobene Redebegleitsatz** wird durch Kommas abgetrennt.
Beispiel: „Ich habe schon einmal gelesen", *entgegnet der Schüler,* „wie Valentin in den Zoo geht und den Mann am Kassenhäuschen ärgert."

Der **nachgestellte Redebegleitsatz** wird durch Komma abgetrennt.
Der Satzschlusspunkt in der wörtlichen Rede entfällt. Ruf- und Fragezeichen bleiben aber erhalten.
Beispiele: „Die Billetten vorzeigen!", bat der Billetteur im Zoo.
„Die sind doch alle gleich", antwortete der Besucher.
„Haben Sie noch nie ein Billett gesehen?", fragte seine Frau.

Karl Valentin
Die Maus

SIE: Weißt du schon das Neueste? In unserem Schlafzimmer ist seit einem Tag eine Maus.
ER: Ja, warum lässt du denn eine Maus in ein Schlafzimmer hinein?
SIE: Blödes Geschwätz, niemand hat sie hineinlassen, die wird halt von selbst hineingekrochen sein.
ER: Gekrochen??
SIE: Na ja, hineingeflogen wird sie nicht sein.
ER: Wenn es sich um eine Fledermaus handelt, muss sie fliegen, eigentlich flattert eine fliegende Fledermaus – handelt sich's aber in unserm Falle um eine gewöhnliche Maus ohne Fleder, dann ist die Maus in unser Schlafzimmer hineingelaufen; also Maus oder Fledermaus, das muss zuerst festgestellt werden, wegen der Fangart, also was war das für eine Maus?
SIE: Das weiß doch ich nicht, ich habe doch die Maus nicht gesehen.
ER: Ja, wie kannst du dann behaupten, eine Maus ist in unserm Schlafzimmer?
SIE: Ja weil ich sie gehört habe.
ER: Gehört? Ja das ist doch nicht schlimm, wenn du eine Maus nur hörst, denn das Hören einer Maus tut doch nicht weh – weh tut es, wenn dich eine Maus beißt.
SIE: Das könnte doch sein, dass die Maus zu mir ins Bett kriecht.
ER: Ha! Ja, wer werd denn zu dir noch ins Bett kriechen?
SIE: Sei nicht so unverschämt! Ich meine, wenn die Maus zu mir ins Bett hineinkriecht und beißt mich ...
ER: Dann hast du die Maus nicht gehört, sondern gespürt, und wenn sie beißt, dann schreist du mir sofort. Dann komm ich mit dem Holzhackl und schlage die Maus tot. Sollte ich aber von meinem Stammlokal noch nicht zu Hause sein, dann lass die Maus ruhig an deinem edlen Körper weiternagen und danke deinem Schicksal, dass es kein Königstiger war.

(1943)

3 *Formuliere den Dialog zwischen dem Mann und seiner Frau in eine kurze Geschichte um und schreibe sie in dein Heft. Beachte dabei, dass du nun die wörtliche Rede durch Satzzeichen kennzeichnen musst.*

Als Herr Untermeier gut gelaunt von der Arbeit nach Hause kam, empfing ihn seine Frau ganz aufgeregt mit folgenden Worten: „Weißt du schon das Neueste? In unserem Schlafzimmer ist seit einem Tag eine Maus." ...

Kommasetzung bei Infinitivsätzen
Infinitivsätze bestehen aus einem Infinitiv mit „zu“ und mindestens einem weiteren Wort, z. B.:
„Martin Luther King glaubte daran**,** *die Rassentrennung in Amerika beseitigen zu können.*“

Infinitivsätze müssen in vielen Fällen durch ein Komma abgetrennt werden. Man kann deshalb Fehler vermeiden, wenn man bei einem Infinitivsatz immer ein Komma setzt, z. B.:
„Martin Luther Kings Traum war es**,** *ein Amerika zu schaffen,* in dem Menschen aller Hautfarben friedlich zusammenleben könnten.“
„Er bat seine Zuhörer mit eindringlichen Worten**,** *jeder Form von Gewalt entgegenzutreten.*“

Martin Luther King war ein US-amerikanischer Pastor und Bürgerrechtler afroamerikanischer Herkunft. Er zählt zu den wichtigsten Vertretern im Kampf gegen die weltweite Unterdrückung der Farbigen. 1963 hielt er seine berühmte Rede „I have a dream“.

4 *Im folgenden Redeausschnitt sind in den Infinitivsätzen die Infinitive markiert. Unterstreiche zuerst den gesamten Infinitivsatz und füge dann das Komma ein.*

Martin Luther King
„I have a dream“

VORSICHT FEHLER!

Aber wir weigern uns zu glauben, dass die Bank der Gerechtigkeit bankrott ist. Wir weigern uns zu glauben, dass es nicht genügend Gelder in den großen Stahlkammern der Gelegenheiten in diesem Land gibt.
So sind wir gekommen diesen Scheck einzulösen. Einen Scheck, der uns auf Verlangen die Reichtümer der Freiheit und die Sicherheit der Gerechtigkeit geben wird.
Wir sind auch zu dieser würdigen Stätte gekommen um Amerika an die grimmige Notwendigkeit des Jetzt zu erinnern. Jetzt ist die Zeit, wo man sich den Luxus einer „Abkühlungsperiode“ leisten oder die Beruhigungsmittel langsamen, schrittweisen Fortschritts einnehmen kann. Jetzt ist die Zeit die Versprechungen der Demokratie Wirklichkeit werden zu lassen. Jetzt ist es Zeit aus dem dunklen und trostlosen Tal der Rassentrennung aufzubrechen und den hellen Weg der Gerechtigkeit zu beschreiten. Jetzt ist es Zeit unsere Nation aus dem Flugsand rassischer Ungerechtigkeit zu dem festen Felsen der Brüderlichkeit emporzuheben. [...]
Während wir versuchen unseren rechtmäßigen Platz zu gewinnen dürfen wir uns keiner ungerechten Handlung schuldig machen. Lasst uns nicht aus dem Kelch der Bitterkeit und des Hasses trinken um unseren Durst nach Freiheit zu stillen.
[...] Der wunderbare, neue kämpferische Geist, der die Gemeinschaft der Afro-Amerikaner erfasst hat, darf uns nicht dazu verleiten allen Weißen zu misstrauen. [...] Wir können nicht allein marschieren. Und wenn wir marschieren, müssen wir uns verpflichten stets weiterzumarschieren. Wir können nicht umkehren.

5 *Informiere dich über das Leben und Wirken Martin Luther Kings. Du kannst in Lexika nachschlagen oder das Internet benutzen.*

Groß- und Kleinschreibung

!

Folgende Regeln zur Großschreibung kennst du:

1. **Nomen** schreibt man groß. (Als Merkhilfe: Wörter, die auf *-heit*, *-keit*, *-nis*, *-ung*, *-tum*, *-schaft* enden, sind Nomen.)
2. **Eigennamen** schreibt man groß.
3. **Satzanfänge** schreibt man groß.
4. Der **Beginn von wörtlichen Reden** wird großgeschrieben.
5. Die **Anredepronomen** bei der höflichen Anrede (*Sie*, *Ihr*) werden großgeschrieben.
6. Wörter, die als Nomen gebraucht werden, obwohl sie eigentlich anderen Wortarten angehören (**Nominalisierungen**), werden großgeschrieben.

1 a) *Unterstreiche im folgenden Text alle Wörter, die großgeschrieben werden müssen.*
b) *Schreibe die Nummer der jeweiligen Regel (▷ Merkkasten) in die Kästchen.*

Elke Heidenreich

Sonst noch was

Die elfjährige Katharina ist in den Ferien auf dem Weg zu ihrem Onkel Hans ...

mein platz war in einem abteil, in dem schon eine frau saß. sie sah freundlich aus, aber ein bisschen ärgerlich war ich doch – ich wäre lieber ganz allein gefahren. ich legte meinen kleinen koffer neben mich auf einen sitz und setzte mich ans fenster. die frau sah mich aufmerksam an, lächelte und sagte: „guten tag.“ obwohl sie wirklich nett aussah, dachte ich: „wenn sie bloß jetzt nicht die ganze zeit redet! ich muss unbedingt nachdenken“, und darum sagte ich ohne zögern: „guten tag, ich heiße katharina, ich bin elf jahre alt, und ich fahre zu meinem onkel hans aufs land. ich bin ziemlich müde und mache deshalb jetzt meine augen zu.“ sie lächelte. dann sagte sie: „ich heiße roswitha gansauge, und über den namen musst du keine witze machen, ich kenne jeden witz, den man mit gansauge machen kann. ich kann auf dem kopf stehen und mit den beinen wackeln, und ich kann die tiersprache, was mir niemand glaubt, aber wahr ist es doch. oder, gustavo?“ und ich hörte plötzlich ein kleines, vergnügtes knurren. ich riss die augen wieder auf und sah unter ihrem sitz einen hund hervorschauen. ich fragte: „können sie wirklich die tiersprache verstehen?“ „natürlich“, sagte sie, „ich habe es irgendwann bemerkt, als ich ein kind war, aber ich habe fast nie darüber gesprochen.“ „darf ich ihn anfassen?“, fragte ich, und er sagte: „ja.“ „er hat ja gesagt!“, rief ich. „ja, natürlich hat er das“, lachte roswitha gansauge. „siehst du, du verstehst ihn auch.“

Nominalisierungen

!

Verben, Adjektive, Partizipien und andere Wörter werden großgeschrieben, wenn sie im Satz als Nomen verwendet werden. Diese nominalisierten Wörter können wie Nomen dekliniert werden und kommen oft sowohl im Singular als auch im Plural vor. Man erkennt diese Nominalisierungen häufig an so genannten Nomensignalen:

Nomensignale	***Beispiele***
vorausgehender **Artikel**, manchmal mit einer **Präposition** verschmolzen	***das** Schwimmen, **auf dem** Laufenden sein, **beim** Beobachten, **zum** Radfahren*
vorangestelltes **Adjektiv** oder **Partizip**, oft in Verbindung mit einem **Artikel**	***langes** Tauchen, **lautes** Lachen, **gelangweiltes** Gähnen, eine **gute** Bekannte*
vorangestelltes **Pronomen** oder **Mengenangabe**	***dein** Zögern, **jeder** Dritte, **drei** Viertel des Weges*

Verben als Nomen

1 *Groß oder klein? Schreibe die Verben in der richtigen Form in die Lücken. Benutze dabei das Präsens. Achtung: Nominalisierungen von Wortgruppen mit Verben werden zusammengeschrieben, z. B.* „Schlange stehen – das Schlangestehen“, „zusammen sein – das Zusammensein“.

Bei ihrem Onkel Hans angekommen, ______ (B/beginnen) Katharina voller ______ (S/staunen), sich auf dem Hof umzusehen. Dabei ______ (T/treffen) sie einen Hund, der sie mit wildem ______ (B/bellen) begrüßt. Verblüfft muss der Vierbeiner ______ (F/feststellen), dass das Mädchen das ______ (K/kläffen) verstehen kann. Sein ______ (K/keifen) findet Katharina zum ______ (L/lachen). Bald aber ______ (B/berichtet) ihr der Hund von seinem schrecklichen ______ (L/leiden) an Rheuma. Beim ______ (E/erkunden) des Gartens ______ (T/treffen) sie auf Erwin, einen alten und angeblich schwerhörigen Esel, den die Fähigkeit Katharinas vor Freude zum ______ (J/johlen) bringt. Unter lautem ______ (W/wiehern) bekundet er, dass er eigentlich Igor heißt. Als Katharina dem Onkel ______ (V/vorschlagen), den Esel Igor zu nennen, hält er es für das Beste, das Tier selbst zu fragen. Mit großem ______ (S/staunen) stellt der fest, dass Igor mit heftigem ______ (Kopf nicken) und ______ (Schwanz wedeln) zustimmt. Überdies ______ (E/erfahren) Onkel Hans auch, das sein dauerndes ______ (B/brüllen) ins Ohr des Esels unsinnig war, da der angeblich taube Erwin noch sehr gut ______ (H/hören) kann und jedes noch so leise ______ (R/rascheln) auch auf große Entfernung ______ (V/versteht).

2 *Ordne nun die nominalisierten Verben aus Aufgabe 1 (S. 67) nach ihren Nomensignalen ein.*

Artikel (+ Präposition) ____________________

____

____

____

(Artikel) + Adjektiv ____________________

____

Pronomen ____________________

____

3 *Im täglichen Leben findest du häufig Nominalisierungen, z. B. auf Verbotsschildern im Schwimmbad. Setze die Verben in die Lücken ein und beachte die Großschreibung und die Zusammenschreibung von nominalisierten Verbgruppen.*

Fußball spielen, mitbringen, springen, umkleiden, abstellen, rauchen

Das ____________________ vom seitlichen Beckenrand ist verboten.

Das ____________________ auf der Liegewiese ist nicht erlaubt.

Das ____________________ von Fahrrädern und Motorrädern vor dem Eingang ist untersagt.

Im Bereich der Schwimmbecken ist das ____________________ untersagt.

Zum ____________________ stehen Kabinen zur Verfügung.

Das ____________________ von Flaschen und Gläsern ist im Bereich der Schwimmbecken verboten.

4 *Auch die Hausordnung deiner Schule enthält Regeln und Verbote. Forme die folgenden Sätze so um, dass nominalisierte Verben entstehen.*

a) Es ist nicht erlaubt, die Fahrräder auf dem Schulhof abzustellen.

____

b) Es wird empfohlen, die Fahrräder an die Fahrradhaltestangen anzuketten.

____

c) Es ist verboten, während der Pause auf dem Schulhof zu fahren.

____

5 *Der Nominalstil, der bei deinen Umformungen entsteht, ist stilistisch nicht schön. Forme deshalb folgenden Satz so um, dass aus den Nominalisierungen wieder Verben werden.*

Beim *Verlassen* des Klassenraums ist das *Schließen* der Fenster Pflicht der Schüler.

____

____

6 a) *Die Zeichnungen (Piktogramme) auf den Schildern weisen auf Verbote oder Hinweise hin, die nominalisierte Verben enthalten. Was ist jeweils verboten oder gestattet?*

Das ____________________ ist erlaubt.

Das ____________________ ist geboten.

Das ____________________ ist verboten.

Das ____________________ ist verboten.

b) *Erfinde und zeichne selbst neue Schilder, deren Bedeutung du mit Hilfe von nominalisierten Verben erklärst, z. B.: „Das Küssen ist verboten."*

____________________ ____________________ ____________________

☆ **7** *Die folgenden kleingeschriebenen Sätze enthalten Redewendungen, bei denen aber jeweils ein Verb vertauscht worden ist. Setze die Redewendungen richtig zusammen und schreibe groß, wo es erforderlich ist.*

wir klopften mit zittern und schwimmen an.

mit hängen und biegen bestand er die prüfung.

hier herrscht ein ständiges kommen und zagen.

der appetit kommt beim gehen.

er gerät ins essen.

er will auf würgen und brechen morgen fertig werden.

____

____

____

____

____

____

Das Adjektiv oder Partizip als Nomen

1 *Schreibe die folgenden Adjektive und Partizipien in ihrer nominalisierten Form in die Leerstellen der Redewendungen. Bei manchen musst du ihre Steigerung verwenden.*

trüb laufend ganz klar dunkel gering gut trocken weit wesentlich allgemein folgend

Ihr sitzt auf dem ______________________ .

Man kann ihm nicht das ______________________ vorwerfen.

Der Detektiv tappt im ______________________ .

Es hat sich alles zum ______________________ gewendet.

Sie war sich darüber im ______________________ .

Die Kinder hatten im ______________________ Recht.

Im ______________________ mögen Hunde Menschen.

Die Polizei muss im ______________________ fischen.

Sie hielt mich auf dem ______________________ .

Der Dieb sucht das ______________________ .

Diesmal will er aufs ______________________ gehen.

Wir wollten es im ______________________ besprechen.

2 *Du hast sicherlich alle nominalisierten Formen in Aufgabe 1 großgeschrieben, weil sie ja auch an den Nomensignalen erkennbar waren. Versuche im Folgenden die passenden Nomensignale in die Lücken einzusetzen. Beachte, dass manche Präpositionen mit einem Artikel verschmelzen (z. B. ins = in das).*

1. Er muss ____________ Ganze im Auge behalten.
2. Sie will ____________ Laufenden bleiben.
3. Die beiden neuen Schülerinnen verständigen sich ____________ Russisch und ____________ Englisch.
4. Seine Vermutung traf ____________ Schwarze.
5. Ihre schnelle Reaktion hat mich ____________ Ärgsten bewahrt.
6. Die Flugzeugentführung ging ____________ Ungewisse.
7. Auf der Klassenfahrt wurden viele Witze ____________ Besten gegeben.
8. Sie hat mir die Aufgabe ____________ Näheren erläutert.

dem des auf in das in das das auf zu dem dem auf vor

Großschreibung nach Indefinitpronomen

> **!** Nach den Indefinitpronomen *etwas, alles, nichts, einiges, kein, niemand, jeder, irgendetwas, wenig, allerlei, ein paar, genug, manches* werden Adjektive und als Adjektive gebrauchte Partizipien großgeschrieben.
> Beispiele: ***allerlei* S*chönes*, *alles* G*ute*, *etwas* B*eängstigendes***

1 *Ergänze die Leerstellen durch nominalisierte Adjektive im richtigen Numerus und Kasus.*

Immer wieder ereignet sich im gallischen Dorf von Asterix und Obelix irgendetwas ______________ (spannend). Dass die Römer mit List und Tücke versuchen, die Gallier zu besiegen, ist nichts ______________ (außergewöhnlich). Und dass sie dabei am Ende verlieren, ist nichts ________ (neu), denn die Gallier verfügen über einen Trank, der unendliche Kräfte verleiht. Nun aber ist etwas ______________ (beunruhigend) passiert. Da der Druide Miraculix keinen Vorrat an frischem Fisch mehr hat, kann er keinen Zaubertrank mehr brauen. Deshalb brechen Asterix und Obelix auf, um frischen Fisch zu fangen. Da sie in einen Sturm geraten und vom Kurs abkommen, schwant Asterix bereits allerlei ______________ (übel). Als sie schließlich eine fremde Insel erreichen, erleben sie manch ______________ (erstaunlich).

☆ **2** *Obelix macht gerade Jagd nach Truthähnen. Schreibe auf, was er sich über seinen Fang denken könnte. Benutze dazu nominalisierte Formen der Wörter aus dem Wortspeicher und setze davor passende Indefinitpronomen.*

plump ärgern zetern verrückt seltsam schlimm lustig erschreckend verwunderlich

So etwas Plumpes habe ich ja noch nie gefangen.

____

____

____

Eigennamen und Herkunftsbezeichnungen

Eigennamen
Eigennamen sind z. B. Personennamen (*Christoph, Maria*), geografische Begriffe (*der Bayerische Wald, das Tote Meer*), Namen von Institutionen und Einrichtungen (*das Rote Kreuz, das Europäische Parlament*), geschichtliche Ereignisse (*der Zweite Weltkrieg, der Westfälische Friede*) und besondere Kalendertage (*der Heilige Abend, der Erste Mai*).

1. **Eigennamen werden großgeschrieben.** Bei mehrteiligen Eigennamen werden die Adjektive, Partizipien, Pronomen und Zahlwörter großgeschrieben, wenn sie Bestandteile des Eigennamens sind, z. B.: *Peter der Große, die Chinesische Mauer*

Herkunftsbezeichnungen
2. Herkunftsbezeichnungen mit **Ableitungen auf *-er*** schreibt man **groß**.
   Beispiel: *Münchner Kindl, Schwarzwälder Rauchschinken*
3. a) Herkunftsbezeichnungen mit **Ableitung auf *-isch*** gehören zur Wortart der Adjektive. Deswegen schreibt man sie **klein**.
   Beispiele: *eine bayerische Stadt, ein italienischer Kuchen*
   b) Sind sie aber **Teil eines Eigennamens**, werden sie **groß**geschrieben.
   Beispiel: *der Bayerische Wald*

Die Schülerinnen und Schüler der 7a des Gymnasiums Leopoldinum haben für den Besuch einer Partnerschule einen Rundgang durch ihre Heimatstadt Passau zusammengestellt.

Passau entdecken

Wir beginnen den Rundgang am italienisch aussehenden RÖMERPLATZ, von dem aus man einen wunderbaren Blick auf die MITTELALTERLICHE VESTE OBERHAUS hat. Dort sind unter anderem zahlreiche Exemplare BAYERISCHER, BÖHMISCHER und auch UNGARISCHER Kunst ausgestellt. Das Rathaus mit seinem berühmten GROSSEN RATHAUSSAAL und beinahe die gesamte Altstadt wurden nach einem großen Brand im Jahr 1662 von ITALIENISCHEN BAUMEISTERN neu errichtet. Wusstet ihr, dass im HOTEL WILDER MANN schon die KAISERIN SISSI geschlafen hat? Heute findet man dort ein Museum für BÖHMISCHES GLAS. Passau ist bereits sehr alt: Die Überreste des RÖMISCHEN KASTELLS BOIOTRO zeigen die frühe Besiedlung, im Jahr 1299 erhielt Passau mit dem BERNHARDINISCHEN STADTBRIEF das Stadtrecht. Vom Römerplatz aus gehen wir die Donau abwärts bis zur Ortsspitze, von wo aus man den Zusammenfluss von Donau, Inn und Ilz besonders gut betrachten kann. Am INNKAI entlang, an der SANKT-MICHAELS-KIRCHE vorbei, gehen wir wieder zurück. Den Blick ins INNTAL sollte man unbedingt genießen. Hier befand sich einst der PASSAUER SALZHAFEN. Der Handel mit Salz trug der BAYERISCHEN STADT ein beträchtliches Vermögen ein. Über die INNBRÜCKGASSE geht es hinauf zum RESIDENZPLATZ, den der mächtige WITTELSBACHERBRUNNEN ziert. Auf der rechten Seite befinden sich die NEUE FÜRSTBISCHÖFLICHE RESIDENZ und die ALTE RESIDENZ, zwei imposante Bauwerke der Bischöfe Passaus, in denen sogar Kaiser logierten. 1762 gab der junge Mozart hier dem Bischof eine Kostprobe seines Könnens. Von hier sind es nur noch wenige Meter zurück zum RÖMERPLATZ, dem Ausgangspunkt unseres Spaziergangs.

1 *Schreibe die in Großbuchstaben gesetzten Eigennamen und Herkunftsbezeichnungen des Textes (S. 72) auf die Linien. Gib in Klammern jeweils die für die korrekte Rechtschreibung maßgebliche Regel aus dem Kasten an.*

Römerplatz (1),

2 *Welche Wörter passen zusammen? Schreibe die Herkunftsbezeichnungen in die Tabelle ein. Beachte, dass zwei Herkunftsbezeichnungen auf -**isch** Teil eines Eigennamens sind und deshalb großgeschrieben werden.*

Heidelberg ~~Mecklenburg~~ Nürnberg Zwinger Dom Schnitzel ~~Käse~~
Rom Bremen Indien ~~Bär~~ Wein Christkindlmarkt
Wien Frankreich Dresden Stadtmusikanten Salat
Köln Hamburg ~~Holland~~ Wald Ozean Hafen
~~Berlin~~ Italien Bayern ~~Seenplatte~~ Schloss Zahlen

Herkunftsbezeichnungen mit Ableitungen auf -**er**	Herkunftsbezeichnungen mit Ableitungen auf -**isch**
Berliner Bär,	holländischer Käse,

Vorsicht, Eigennamen!

Mecklenburgische Seenplatte,

Tageszeiten und Wochentage

!

- Bezeichnung für Tageszeiten und Wochentage werden **großgeschrieben**, wenn sie **Nomen** sind.
  Im Allgemeinen erkennt man sie an den üblichen Nomensignalen, z. B.:

Artikel	***der*** *Samstag*
(Artikel +) Präposition	***am*** *Samstag* (am = an dem)
Artikel + Adjektiv	***der heutige*** *Samstag*
Pronomen	***jeder*** *Samstag*

- Bezeichnungen für Tageszeiten und Wochentage werden **kleingeschrieben**, wenn sie **Adverbien** sind.
  Man erkennt die Adverbien häufig an der Endung -s, z. B.:
  *sonntag**s**, abend**s**, dienstagabend**s**.*
- Bei kombinierten Tageszeitangaben und Wochentagen schreibt man entsprechend der Regel die Adverbien klein und die Nomen groß, z. B.:
  gestern Abend, heute Morgen, morgen Nachmittag (aber: *der Samstagabend*).

1 *Ergänze den Text mit den angegebenen Tageszeiten und Wochentagen. Achte dabei auf die richtige Schreibung.*

Deutsche Fußballerinnen werden Weltmeister

Am __________ (SAMSTAG), den 11. 10. 2003 um 19 Uhr __________ (ABEND) war es endlich so weit. Der Anpfiff für das Spiel zwischen dem deutschen Team und der schwedischen Auswahl erfolgte. Hartes Training war dem Erfolg vorausgegangen. „Wir stehen die ganze Woche schon um 6 Uhr __________ (MORGEN) auf, um 7 Uhr gibt es Frühstück." Schließlich wollten alle am __________ (SAMSTAG, ABEND) „topfit sein", wie die Bundestrainerin Tina Theune-Meyer erklärte. Über 13,5 Millionen Zuschauer hatten vor dem Fernseher Platz genommen, nicht um wie __________ (JEDEN SAMSTAG) die Bundesliga zu verfolgen, sondern um dem __________ (ABENDLICHEN) Spektakel der Fußballdamen beizuwohnen. Anders als in den vorausgegangenen Spielen taten sich die Spielerinnen der deutschen Elf diesmal aber wesentlich schwerer. Trotz eines guten Zusammenspiels konnte der Siegtreffer zum 2:1 erst in der Verlängerung erzielt werden. Am __________ (SPÄT, SAMSTAG, ABEND) stand daher fest, dass der deutsche Fußball nach 1954, 1974 und 1990 nun auch das Jahr 2003 zu den Höhepunkten seiner Geschichte zählen kann. Nach ausgelassenen Feiern traten die Fußballerinnen schließlich die Heimreise nach Frankfurt an, wo sie am __________ (MONTAG, MITTAG) am Flughafen begrüßt wurden. Die Oberbürgermeisterin der Stadt gab __________ (NACHMITTAG) einen Empfang im Rathaus, bei dem die frisch gebackenen Weltmeisterinnen noch einmal für ihre Leistung durch den Beifall tausender Fans belohnt wurden.

Eigendiktat

1 *Mit dem folgenden Text kannst du ein Eigendiktat durchführen.*
Wenn du einen Lernpartner oder eine Lernpartnerin hast, könnt ihr auch ein Partnerdiktat schreiben.

TIPP

- ☐ Führe dir noch einmal die Schwierigkeiten der Groß- und Kleinschreibung vor Augen (▷ S. 66–74).
- ☐ Lies erst den ganzen Text.
- ☐ Lies dann einen ganzen Satz durch.
- ☐ Präge dir eine Sinneinheit ein, die du auswendig aufschreiben kannst.
- ☐ Kontrolliere das Aufgeschriebene anschließend.
- ☐ Gehe den Text auf diese Weise Satz für Satz durch.

R. V. C. Bodley
Der Sandsturm

In diesem Jahr brachte der Herbst keinen Regen. Das war nichts Ungewöhnliches. Die Nomaden sagten wenig, aber ihre Gesichter waren bekümmert. Morgens und abends drehten sie sich beim Beten herum, blickten nach Norden und betrachteten den afrikanischen Himmel. Zunächst merkte man nicht, dass etwa Bedrohliches vor sich ging. Das Gras wuchs zwar spärlich, aber es gab doch eine Menge Gestrüpp. Und die Brunnen waren ebenso voll wie sonst. Auch die Schafe sahen gesund aus. Doch die Sahara ist unberechenbar und der Sandsturm kam.
Der Schafhirte Madani, über viele Jahre hinweg an die Verhältnisse der Wüste gewöhnt, wachte bei Tagesanbruch mit dem Gefühl auf, als würde ihm das Kopfhaar versengt. Er setzte sich auf und lief aus dem Zelt. Draußen waren Nomaden, Männer wie Frauen, bereits an der Arbeit. Sie hämmerten Zeltpflöcke fest und zogen die Seile straffer. Der Himmel war nicht zu sehen. Eine gelbe Dunstschicht verhüllte alles. Den Männern und Frauen wurde der Hals trocken, die Augen brannten. Es war, wie wenn man vor dem Feuerloch eines riesigen Ofens steht. Madani, der Hirte, sagte zu seinem Bruder Ali: „Nur Allah weiß, wie lange das hier dauern wird. Vielleicht drei oder sechs oder neun Tage? Aber wenn das vorüber ist, müssen wir alle Lämmer schlachten. Ohne etwas zu fressen zu haben ist ihr Überleben unmöglich.“ „Und was tun wir dann?“, antwortete Ali. „Dann ziehen wir nach Süden, wo Allah für uns vielleicht Weideland bereithalten wird.“
Der Schirokko dauerte drei Tage. Als er am dritten Abend aufhörte, da war jeder Grashalm und jedes Blatt verdorrt. Nun erwachte in den Nomaden die alte Tatkraft. Die Zelte wurden abgebrochen. Das Schlachten der jungen Lämmer begann. Anschließend machten sie sich auf zu ihrem Marsch ins Ungewisse. Vor Hunger fraßen Kamele, Schafe, Pferde und Esel das verdorrte Gras. Manche der Tiere kamen vor Anstrengung um. Nach einigen Tagen erreichten Tiere und Menschen erste Spuren von grünem Gras, und bald lag auch die erste Wasserstelle am Wege. Der lange Marsch hatte sich gelohnt. Trotzdem war mehr als die Hälfte aller Tiere umgekommen. „Wir sind von dem Ärgsten verschont geblieben“, sagte Madani, „wir hätten auch alle Tiere verlieren können.“ „Wie Allah es will“, erwiderte Ali. Und damit war alles gesagt.

Getrennt- und Zusammenschreibung

!

Wörter, die im Text nebeneinanderstehen und inhaltlich zusammengehören, schreibt man normalerweise **getrennt**.

- Dies gilt immer für Wortgruppen mit *sein*, z. B. *lieb sein, so sein, weg sein*
- Das gilt meistens für Wortgruppen aus mehreren Verben, d. h.
  Infinitiv und Verb, z. B.: *laufen lassen, baden gehen*
  Partizip und Verb, z. B.: *geschenkt bekommen, verloren haben*

1 *Setze je ein Wort aus der linken und der rechten Wortkiste zu einer Wortgruppe zusammen und bilde mit dieser jeweils einen Satz. Manche Verben können mehrfach verwendet werden.*

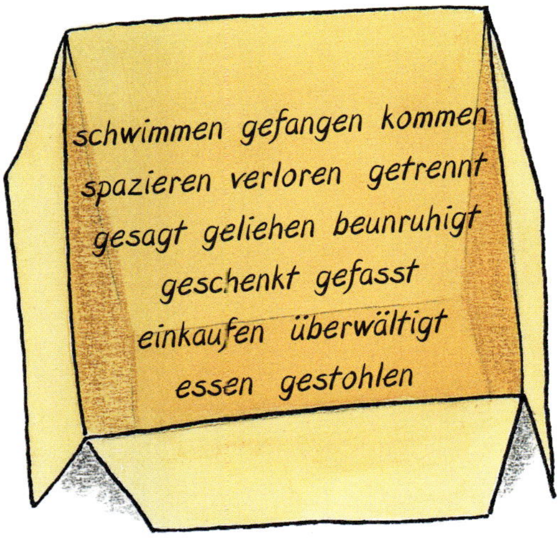

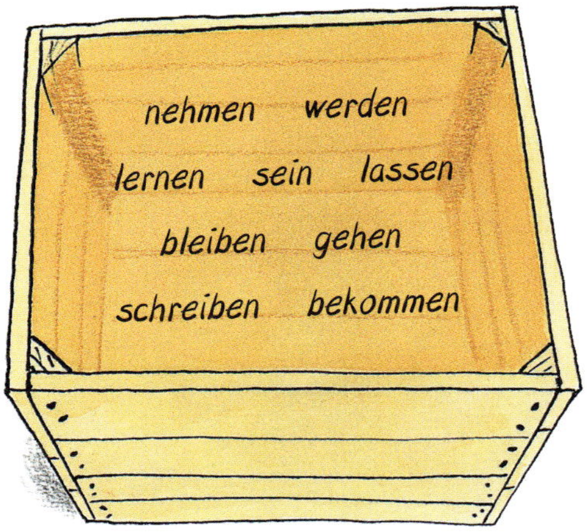

Heute möchte ich schwimmen gehen.

2 *Verfasse einen Zeitungsartikel über einen Banküberfall, der am 5. Juni dieses Jahres um 15.30 Uhr in der Sparkasse in Neuheim stattgefunden hat. Verwende dabei die von dir in Aufgabe 1 gebildeten Wortgruppen.*

Am gestrigen 5. Juni nahm die Polizei in Neuheim um 16.00 Uhr einen Bankräuber gefangen.

!

Wörter, die im Text nebeneinanderstehen und inhaltlich zusammengehören, schreibt man normalerweise **getrennt**. Das gilt
- für alle Wortgruppen mit **„sein“**, z. B.: „zufrieden sein“, „da sein“.
- für die meisten Ausdrücke, in denen **zwei Verben** miteinander verbunden sind, z. B.: „laufen lernen“, „baden gehen“, „einkaufen fahren“.
- für die meisten Wortgruppen aus **Nomen und Verb**, z. B.: „Auto fahren“, „Klavier spielen“. Achtung: Werden diese Verbindungen wie Nomen gebraucht, schreibt man sie zusammen, z. B.: „das Klavierspielen“, „das „Autofahren“.
- für die meisten Wortgruppen aus **Adjektiv und Verb**, z. B.: „laut singen“, „hastig essen“.

Zusammengeschrieben werden:
- Verbindungen aus **Adjektiv und Verb**, die man nicht wörtlich, sondern nur im übertragenen Sinn verstehen kann, z. B.: „blaumachen“, „fernsehen“, „schwarzfahren“.
- **untrennbare Verbzusammensetzungen**, bei denen sich die **Reihenfolge der Bestandteile nie verändert**, z. B.: „vollenden“ – „Er vollendete die Komposition.“; „langweilen“ – „Er langweilte sich.“

☆ **3** *Zusammen oder getrennt? Fülle die Lücken in folgendem Text.*

Mit Raketen in den Weltraum

Schon immer wollten die Menschen den Weltraum erkunden und ______________________ (AUSFINDIG?MACHEN), was jenseits der Erde liegen könnte. Heute kann jeder im Fernsehen ______________________ (GENAU?VERFOLGEN), wie Astronauten Raumflüge unternehmen, Raketen in den Himmel steigen und sich Politiker darüber ______________________ (EINIG?WERDEN), wie man gemeinsam den Weltraum erforschen kann. Die ersten Raketen, die ______________________ (GUT?FUNKTIONIERTEN), wurden vor Jahrhunderten in China hergestellt und bald auch als Waffen eingesetzt. Erst später benutzte man Raketen, die ______________________ (HELL?LEUCHTETEN), als Feuerwerk.

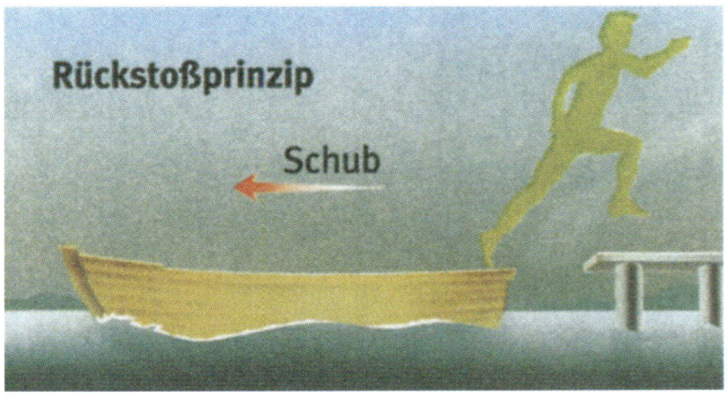

Wie funktioniert nun eine Rakete? Dazu ein Vergleich: Springt jemand aus einem Boot, das nicht ______________________ (FEST?GEMACHT) am Ufer liegt, drückt er es automatisch nach hinten weg. Er übt also einen Schub auf das Boot in die entgegengesetzte Richtung aus. Man kann leicht ______________________ (SCHLUSS?FOLGERN), wie eine Rakete angetrieben wird: Die Flamme an der Unterseite übt durch ihre ausströmenden Gase einen Schub in die umgekehrte Richtung aus, sodass sich das Geschoss bewegt. Durch eine Kontrolle des Verbrennungsvorgangs lässt sich die Steuerung der Rakete verhältnismäßig gut ______________________ (HAND?HABEN).

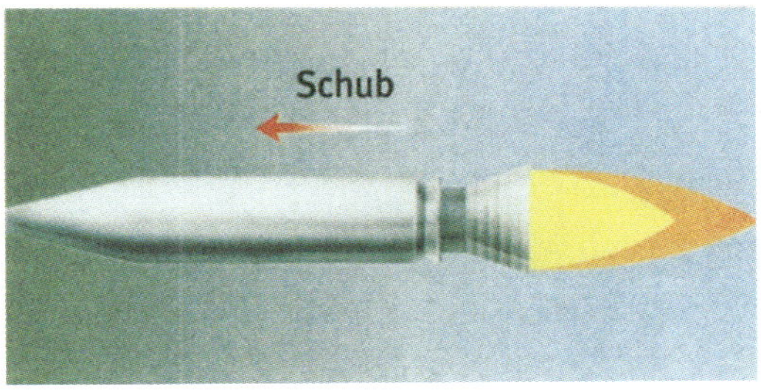

!

Den **Infinitiv mit *zu*** schreibt man getrennt.
Beispiel: „Er begann, die Schuhe *zu putzen.*"

Zusammen schreibt man den **Infinitiv mit *zu*** nur in Zusammensetzungen, bei denen der erste Wortbaustein des Verbs abtrennbar ist.
Beispiel: „Sie baten ihn darum, mit dem Schaukeln *aufzuhören.*" (Das Verb „aufhören" ist eine trennbare Zusammensetzung: „Er *hörte* mit dem Schaukeln *auf.*)

Zusammen werden auch Verben mit der **Vorsilbe *zu*-**, wie *zuhören, zuschließen* usw., geschrieben.
Beispiel: „Sie zwangen den Verbrecher, die Tat *zuzugeben.*"

TIPP

Ob es sich um ein Verb im Infinitiv mit *zu* handelt oder um ein Verb mit der Vorsilbe *zu*, kannst du durch Proben herausfinden.

Betonungsprobe:
- Infinitiv mit *zu*: Betonung auf dem Verbstamm: *zu tún; zu beschréiben*
- Verb mit Wortbaustein *zu*-: Betonung auf *zu*: *zúschließen, zúschreiben*

Ersatzprobe:
- Infinitiv mit *zu*: Nur das Verb lässt sich ersetzen, das Wort *zu* bleibt erhalten, z. B.: *zu erproben* → *zu versuchen*
- Verb mit Wortbaustein *zu*-: Das ganze Verb einschließlich *zu* kann ersetzt werden, z. B.: *zugeben* → *gestehen*

4 *Getrennt oder zusammen? Füge das jeweilige Verb in der richtigen Schreibweise ein.*

1. (zu?fassen) Bei diesem Angebot müssen die Kunden einfach zufassen.
2. (zu?fassen) Der Täter war trotz des großen Polizeiaufgebots nicht ______.
3. (zu?nähen) Heiko bat seine Mutter ihm die Hosentaschen ______.
4. (zu?hören) Die Lehrerin empfahl den Schülern gut ______.
5. (zu?sehen) Im Fernsehen war heute wieder nichts Vernünftiges ______.
6. (zu?weisen) Die Theaterbesucher bekommen ihre Plätze ______.
7. (zu?sagen) Für das nächste Jahr können wir gleich bleibende Preise ______.
8. (zu?lassen) Die Hausordnung fordert, die Feuerschutztür ______.
9. (zu?sagen) Ich habe in dieser Angelegenheit auch etwas ______.
10. (zu?sehen) Bei einem solchen Unrecht darf man nicht einfach ______.
11. (zu?setzen) Dem Wasser im Aquarium sind Mineralstoffe ______.
12. (zu?teilen) Kinder müssen lernen, mit anderen ______.
13. (zu?schlagen) Er hörte die Tür in der Garage ______.
14. (zu?setzen) Wir bitten Sie, sich jetzt ______.

Fremdwörter

! Fremdwörter sind Wörter aus fremden Sprachen, die in der deutschen Sprache benutzt werden. Sie unterscheiden sich von den deutschen Wörtern meistens in Schreibung und Aussprache, weil sie sich nach den Regeln ihrer Herkunftssprache richten.

☆ **1** *Hier tummeln sich 22 Fremdwörter, die häufig in unserer Sprache verwendet werden. Leider haben sie ihren Anfangsbuchstaben verloren! Lege dir dein erstes kleines Fremdwörterlexikon an, in dem du die Wörter in die alphabetische Liste einordnest und sie dann kurz erklärst. Bei Problemen schlägst du in einem „richtigen" Wörterbuch nach.*

A ______ :	______	-iskussion
B ______ :	______	-endarm
C ______ :	______	-otiz
D ______ :	______	-pposition
E ______ :	______	-affee
F ______ :	______	-anager
G ______ :	______	-niversum
H ______ :	______	-nnonce
I ______ :	______	-exikon
K ______ :	______	-ektik
L ______ :	______	-aison
M ______ :	______	-xperiment
N ______ :	______	-hythmus
O ______ :	______	-orldcup
P ______ :	______	-ensur
R ______ :	______	-lamage
S ______ :	______	-entil
T ______ :	______	-assagier
U ______ :	______	-ourage
V ______ :	______	-ete
W ______ :	______	-ndiz
Z ______ :	______	-oilette

Vorsicht, Pizzabäcker am Werk!

Hast du schon einmal Pizza „quattro stagioni“, also Pizza „Vier Jahreszeiten“, gebacken? Sie ist in vier Teile geteilt, von denen jeder einen anderen Belag hat. So eine Pizza gelingt ganz leicht.

2 *In folgendem Rezept werden viele Fremdwörter benutzt. Leider sind die Buchstaben durcheinandergeraten. Setze die Wörter in der richtigen Schreibung in die Lücken.*

Für den Teig vermengt man in einer Schüssel 1/4 Liter lauwarmes Wasser mit 20 g Hefe, 300 g Mehl und 2 EL Olivenöl (LVIOÖENL). Den gut durchgekneteten Teig auf einem gefetteten Backblech zu einem Fladen ausrollen und mit den Händen den Rand hochdrücken. Für den Belag geschälte Tomaten mit gehacktem ____________ (ABSIKLMIU) vermischen und 2 TL ____________ (ROEAGON) hinzugeben. Die Tomatenmasse auf den Teig streichen. Anschließend werden in vier Schüsselchen die weiteren Zutaten für den Belag hergerichtet. Für den „Frühling“, also das erste Viertel der Pizza, bereitet man in Öl eingelegte ____________ (RIOCKATESCHN) und ca. 10 schwarze ____________ (LIOEVN) vor. Die „zweite Jahreszeit“ besteht aus 1 EL ____________ (ERKNAP); einigen ____________ (DARLELNES) und vorgekochten ____________ (AERNLGEN). Das dritte Viertel bekommt einen Belag aus ____________ (AMCHPIGSNON). Für den „Winter“ schneidet man die Röschen eines ____________ (OORCICLB) klein und gibt in Streifen oder Scheiben zerkleinerte ____________ (ARIPAPK) hinzu. In Scheiben geschnittene ____________ (NICZUICH) oder ____________ (EAUENBIRGN) passen ebenfalls sehr gut auf die Pizza. Das Gemüse muss aber vorher in Salzwasser 2–5 Minuten gekocht worden sein! Nun verteilt man die Zutaten nach Vierteln geordnet auf dem Teig. Die Pizza muss bei 250 °C 20 Minuten lang gebacken werden. Nach etwa 15 Minuten das Backrohr kurz öffnen und noch 300 g gewürfelten ____________ (OLZAMRZEAL) über die Pizza streuen. Der Käse darf keinesfalls die ganzen 20 Minuten lang im Ofen bleiben, da er schnell hart wird.

Buon appetito!

3 *Sammle weitere Rezepte aus fernen Ländern, wie z. B. Griechenland, Mexiko oder China, und lege eine Liste mit dir unbekannten Zutaten an.*
Vielleicht magst du sogar selbst etwas kochen?

Die Silbentrennung

!

- **Mehrsilbige Wörter** trennt man nach **Sprechsilben**. Man hört sie beim langsamen, betonten Sprechen.
  Beispiele: *Ro-man, Pa-läs-ti-na, Le-ben*
- **Zusammengesetzte Wörter** und **Wörter mit abtrennbaren Wortbausteinen** werden **nach ihren Bestandteilen getrennt**. Beispiele: *Ver-schlag, Rück-kehr, Ab-fahrt*
- Ein **einzelner Vokalbuchstabe** am Wortanfang oder -ende wird nicht abgetrennt: Beispiele: *Igel, Kleie*
- Ein **einzelner Konsonant im Wortinneren** kommt in der Regel auf die neue Zeile; bei **mehreren Konsonanten** wird der letzte auf die neue Zeile gesetzt.
  Beispiele: *Gas-sen, be-setz-ten, Kel-ler*
- **Konsonantenverbindungen** wie *ch, ck, sch* werden nicht getrennt.
  Beispiele: *Ach-se, kna-cken, La-sche*

Der Roman „Panther im Keller“ spielt im von Briten besetzten Palästina der Jahre kurz nach dem Zweiten Weltkrieg. Als Profus, ein Junge, der gerne Untergrundkämpfer gegen die Besatzer sein möchte, wieder einmal durch die Gassen schleicht, macht er eine für sein Leben entscheidende Bekanntschaft ...

1 *Markiere mit einem Strich (|), wo die Wörter getrennt werden können.*

Amos Oz

Pan|ther im Kel|ler

Es war zu Beginn der Sommerferien, als ich einmal in den frühen Abendstunden allein hinausging, um in den Höhlen hinter dem Sanhedria-Viertel Verstecke auszumachen und zu markieren. Die Ausgangssperre hatte die Straßen bereits leer gefegt. In meiner Brust begann sich mein ängstliches Herz zu rühren, als ob es Anstalten machte, hinter sich einen kleinen Verschlag zu graben und sich in ihm zu verkriechen. Ich beschloss, den Rückzug über den Schleichweg durch die Hinterhöfe anzutreten. In unmittelbarer Nähe fiel plötzlich ein Schuss. Ein richtiger Schuss: schneidend, Furcht erregend, raubgierig. Angstschweiß lötete mir das Hemd an die Haut. Und wie das Trommeln von Wilden hämmerte in meinem Kopf, in meinem Nacken mein Puls. Als ich aus Richtung Hintertreppe der Postfiliale auftauchte und ansetzte, mit einem diagonalen Sprung die Zefanja-Straße zu überqueren, traf plötzlich ein blendendes Strahlenbündel meine Augen, dicht gefolgt von einer weichen, feuchten, kühlen, froschähnlichen Berührung. Sie stieß an meinen Rücken, befühlte mein Hemd, stieg höher und erwischte mein Haar. Ich war wie versteinert. Die Hand, die mein Haar umklammert hielt, war nicht schwer, sondern breit und glitschig. Eine Quallenhand. Und so wie die Hand war auch die Stimme hinter dem grellen Taschenlampenstrahl: nicht das gewohnte britische Wolfsbellen, sondern eine zähe, breiige Silbe: „Halt!“ Und sofort folgte in Schulhebräisch, jedoch mit rundem, englischem Akzent: „Wohin des Wegs?“

TIPP

Besorge dir das Buch in einer Buchhandlung oder Bibliothek. Es ist ungemein spannend zu lesen!

Kurze Vokale

!

Nach **betonten kurzen Vokalen** folgen meist **zwei Konsonanten**, z. B.: *Kopf, Hand, turnen.*
Hörst du nur einen Konsonanten, wird er beim Schreiben **verdoppelt**,
z. B.: *klappern, Henne, Schüssel, Hummel.*

Statt verdoppeltem *k* schreiben wir **ck**, z. B. *Zucker, Hecke, Schnecke.*
Statt verdoppeltem *z* schreiben wir **tz**, z. B. *Schnitzel, Blitz, Katze, Matratze.*

1 *Verwandle den „Kummer" in einen sorgenfreien „Sommer". Von Wort zu Wort darf nur ein Buchstabe verändert werden. In der vierten Spalte wechseln auch Singular- und Pluralformen sowie Nomen und Verben. Hier findet sich auch ein umgangssprachliches Wort für Ratte. Wenn du unsicher bist, schlage im Wörterbuch nach.*

K	u	m	m	e	r
K					
H					
H	u				
N					
S					
S	o	m	m	e	r

P	a	c	k	e	r
R					
H					
H					
Z					
Z					
M	u	c	k	e	r

R	o	t	t	e
R				
M				
L				
L	e			
K				
W				
W	a	t	t	e

s	e	t	z	e
S				
s	i			
H				
R				
R	a			
T				
K	a	t	z	e

K	i	p	p	e
R				
S				
S				
K				
K				
R				
L	a	p	p	e

2 a) *Ergänze die Wörter in der Tabelle. Wenn du bei manchen Wörtern nicht weißt, ob das Wort Einzel- oder Doppelkonsonanten am Wortende hat, so wende die Verlängerungsprobe an.*

der Griff	die Griffe	der Stop	sto
das Nest	die Nester	die Schrif	die Sch
der Da	die Dä	er schrit	wir schri
der Ku	kü	er bis	wir bi
der Pfi	die Pfi	der Pas	die Pä
der Zor	zo	der Gas	die Gä
der Begi	begi	der Kam	die Kä
das Hem	die Hem	der Saf	die Sä

b) *Begründe, warum sich bei sechs Wörtern trotz betontem kurzem Vokal kein Konsonant verdoppelt hat.*

3 *Bei folgenden Wörtern wurde die Reihenfolge der Buchstaben vertauscht. Schreibe das gesuchte Wort in der richtigen Schreibung auf und bilde dazu Wortfamilien mit den vorgegebenen Endungen oder Wortteilen. Viele dieser Wörter werden häufig falsch geschrieben.*

nermum, -ieren, -ierung	Nummer; nummerieren, Nummerierung
ckresch, er-...-en, -lich, -gespenst	
tzalp, -ieren, -en, -wunde	
richtertun, -en, -ung, -sfach	
teressine, -ieren, -ant	
rapsix, -ktizieren, -ktisch	
gangpiersaz, -ieren, -weg, -gänger	

! Bei Fremdwörtern steht nach kurzem betontem Vokal oft ein einfaches **k** in Verbindung mit **t**, manchmal auch **kk** mit nachfolgendem Vokal, z. B. *der Takt, das Sakko.*

4 *Bilde sinnvolle Wörter aus folgenden Silben. Schlage im Zweifelsfall im Rechtschreibwörterbuch nach.*

tiv ak ku sa	Akkusativ	struk kon ti on	
ko pik lo		jekt ob	
ten ak		ak rat ku	
fekt per		kord ak	
ka mak ni ro		flikt kon	

5 *Führe mit dem folgenden Text ein* ***Eigendiktat*** *durch.*
Lies erst den ganzen Text. – Lies dann einen ganzen Satz durch. – Präge dir eine Sinneinheit ein, die du auswendig aufschreiben kannst. – Kontrolliere das Aufgeschriebene anschließend. – Gehe den Text auf diese Weise Satz für Satz durch. Wenn du einen Lernpartner/eine Lernpartnerin hast, könnt ihr auch ein Partnerdiktat machen.

Mehmet, der Breakdancer

Nach meiner Rückkehr aus den USA besuchte ich am letzten Donnerstag meinen Freund Mehmet in der Sporthalle bei seinem Breakdancetraining. Als er mich sah, erhob er sich erfreut von seinem Klappstuhl und begrüßte mich überschwänglich. Seine Freunde grinsten und stellten den Ghettoblaster an, mit einem Aufguss altbekannter Stücke aus Techno und Hip-Hop. Mehmet erklärte, dass er noch Schritte für eine Show üben müsse. Er zog die Wollmütze über den Kopf und tänzelte im Rhythmus der Musik über das Parkett in die Mitte des Raumes. Im Stepptanz wirbelten seine Füße wie Trommelstöcke auf dem Boden, dann warf er sich jählings zu Boden, hechtete auf den Rücken, rollte rücklings über die Schulter, die gespreizten Beine v-förmig in die Luft gestreckt. Er drehte sich schnell auf die Schulter, die Beine flogen hoch und wirbelten wie Windmühlenblätter. Dann knickte sein schlaksiger Körper ein und zog sich ruckartig zusammen, die Arme und Beine eng am Körper, rotierte er auf dem Rücken. Aus der Drehung heraus katapultierte er sich in die Luft zum Kopfstand und wirbelte um die eigene Achse wie ein Eiskunstläufer bei der Pirouette. Plötzlich stoppte er, stemmte sich hoch, sprang auf die Beine und lachte. Die Freunde applaudierten.

Lange Vokale

Die meisten **betonten langen Vokale a, e, i, o, u** oder die Umlaute **ä, ö, ü** schreibt man mit **einfachem Buchstaben**.
Beispiel: *Name, lesen, holen, Schule, müde*

Manchmal folgt auf den betonten langen Vokal oder Umlaut ein **h**.
Beispiele: *Lohn, nehmen, Sohle, führen*

Zwischen langem Vokal und den **Konsonanten l, m, n** und **r** steht häufig – aber nicht immer – ein h (also: *hl, hm, hn, hr*), z. B.: *Kohl, Rahm, Sahne, Fahrt.* Es bleibt dann auch in den verwandten Wörtern erhalten.

Bei einigen Wörtern wird der **betonte lange Vokal** durch **Vokalverdoppelung** gekennzeichnet.
Beispiele: *Haar, leer, Moos*
Bei manchen Ableitungen entsteht aus dem Doppelvokal ein einfacher Umlaut.
Beispiel: *Paar – Pärchen*

Zum langen *i* ▷ S. 87 f.

1 *Unterstreiche im Text alle Wörter, in denen die Vokale und die Umlaute lang gesprochen werden. Benutze dazu drei unterschiedliche Farben, entsprechend der Art der Schreibung (einfacher Buchstabe, Schreibung mit h oder Verdoppelung).*

Moby Dick oder der Weiße Wal – ein Roman der Weltliteratur

William Turner (1775–1851): Der Schiffbruch (1805, Öl)

Der Roman „Moby Dick“ von Herman Melville (geschrieben 1851) erzählt die Geschichte vom weißen Wal Moby Dick und Ahab, dem Kapitän eines Walfangschiffes, der auf allen Meeren nach Moby Dick Ausschau hält. Die Handlung wird von einem jungen Mann berichtet, der auf See Abenteuer erleben will und sich deshalb von zwei Reedern anheuern lässt.

Ahab ist von der Jagd nach dem Tier besessen, seit er einst beim Versuch, den Wal zu töten, ein Bein verloren hat. Um ihn zu erlegen, lässt der alte Seemann eine Harpune aus Stahl anfertigen und im gesammelten Blut der Schiffsmannschaft abkühlen. Andere Kapitäne rufen ihm noch von ihren Booten aus zu und ermahnen ihn, von seiner Suche nach Moby Dick abzulassen. Ahabs Hass und blinde Wut lassen sich aber nicht bezähmen. Als der dem Wahnsinn beinahe völlig verfallene Waljäger Moby Dick schließlich erblickt, bohrt er dem Tier den Speer mit seinen Widerhaken in den Leib. Der Wal aber ist stärker, als die Männer geahnt hatten. In einem dramatischen Kampf reißt er am Ende das Schiff samt Besatzung in die Tiefe. Lediglich der junge Abenteurer überlebt und kann deshalb vom Tod des seelenlosen Ahab Nachricht geben. Blinder Hass und Zorn, so die Aussage des Romans, halten für den Menschen keinen Trost bereit, sondern sie sind nur die Saat für sein Verderben.

2 *Vervollständige die Tabelle unten. Setze sechs der unterstrichenen Verben aus dem Text auf S. 84 in den Infinitiv und anschließend in die erste Person Präsens und Präteritum.*

Verben mit langen Vokalen		
Infinitiv	**1. Person Präsens**	**1. Person Präteritum**
erzählen	ich erzähle	ich erzählte

3 *In dem Gedicht fehlen die folgenden Reimwörter, setze sie ein.*

Kran   Schnur   Qual   Plan   ~~einmal~~   stur   Tal   Wal

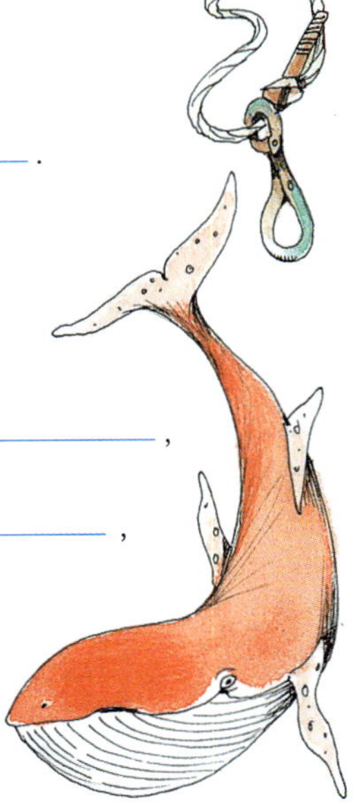

Im Rhein verirrte sich einmal
ein großer, dicker, weißer ________.
Die Leute waren sehr entzückt,
doch andre schienen ganz verrückt
und dachten, was ist das 'ne ________,
wir bringen das arme Tier zu ________,
ins Meer, wo es doch hingehört,
und weg vom Rhein, wo es nur stört.

Man machte sich einen kühnen ________
und brachte heran einen schweren ________,
um das Tier an den Haken zu ketten
und vor der Chemie des Rheines zu retten.
Der Wal jedoch entwich der ________
und blieb auch weiterhin ganz ________.
Der Wal wohl dachte, ich bin nicht verrückt,
ich finde allein den Weg zurück.

4 *Bilde selbst Reimpaare zu folgenden Reimwörtern:*

1. Bl__t – Br__t; 2. Tr__b – Gr__b; 3. Fl__r – st__r; 4. Gr__be – St__be;
5. zw__r – kl__r; 6. Kr__g – kl__g; 7. Bl__me – Kr__me; 8. Tr__ne – Sp__ne

☆ **5** *Mit diesem **Orthografie-Schieber** kannst du mehrere Wörter bauen (Nomen, Verben, Adjektive und jeweilige Ableitungen). Schreibe sie in der normalen Groß- bzw. Kleinschreibung auf.*

B D F J K M S ST W Z
AH EH OH UH
L
E I
G N R

Lösung mindestens 20 Wörter:

Fehler,

E V
A I N O Z
A B N R T U
L N R Z
AH EH UH
M
E I
N G

mindestens 17 Wörter:

einrahmen,

B D F H K L M S W Z
AH EH OH UH
N
A E D H I M U S W
A E G I N O U R
C F G H N Z
G H N T
T

mindestens 36 Wörter: Sehnsucht,

B F J K L M N R S W Z
AH EH OH UH
R
B E F H L M P U T W Z
A E I L N R
A C F G H I N R U
C G H K L N T
E H T

mindestens 39 Wörter: mehrfach,

!

- Das **lang gesprochene i** wird fast immer mit **ie** wiedergegeben.
  Beispiele: *Tier, Wiese, Chemie*
- Nur in den **Pronomen ihm, ihn** und **ihr** wird das lang gesprochene i als **ih** geschrieben.
- In einigen wenigen **Wörtern** wird der lange Vokal i auch mit **einfachem i** geschrieben.
  Beispiele: *wir, dir, mir, Maschine.*
- Die Schreibung **ieh** findet man nur in den Wörtern *Vieh, fliehen, wiehern* und *ziehen* sowie in einigen Flexionsformen von Wörtern wie *lei**h**en – er lie**h**, gelie**h**en; se**h**en – er sie**h**t; verzei**h**en – verzie**h**en.*

Gerade hat Lucky Luke, der einsame Cowboy, die vier Daltons wieder ins Gefängnis gebracht:

1 *Bilde mit Hilfe des Orthografieschiebers möglichst viele Wörter mit **ie**.*

BE	F	K	VER				
		B	L	R	S	SCH	W
			IE				
		GEN	BEN				

verlieben

2 a) *Schreibe anschließend mit den Wörtern aus Aufgabe 1 eine kleine Geschichte darüber in dein Heft, was die Daltons vermutlich diesmal angestellt haben und wie sie von Lucky Luke gefasst wurden.*
b) *Unterstreiche in der Geschichte diejenigen Verben, die auch im Präteritum mit **ie** geschriebene Formen bilden.*

3 *Bilde auch mit diesem Orthografieschieber Wörter und schreibe eine zweite Kurzgeschichte. Unterstreiche auch hier diejenigen Verben, die im Präteritum mit **ie** geschrieben werden.*

		AB	AN	AUS	ENT	ER	VER
B	FL	SP	SCH	Z			
				IE			
			BEN	HEN	LEN	TEN	

Wieder einmal haben die Daltons bewiesen, dass sie mit Geld nicht umgehen können. Vom letzten Banküberfall ist alles Geld verspielt, nichts mehr haben sie behalten. Deshalb müssen sie sich bei einem unberechenbaren Ganoven etwas leihen, um Pistolen und Pferde kaufen zu können. Scheinheilig versprechen sie ihm, gleich am nächsten Tag das Geld zurückzuzahlen. In der Stadt können sie also nicht mehr bleiben. Deshalb fliehen sie so schnell wie möglich. Mit Gejohle stoßen sie ihren Pferden in die Seite, jagen davon und preisen lauthals ihre Verschlagenheit. Die Stadt aber müssen sie in Zukunft meiden.

4 *a) Markiere im Text alle Verben, die ihre Präteritumformen mit **ie** bilden.*
b) Setze die Verben in den Infinitiv, in die 1. Person Singular und die 1. Person Plural.

beweisen – ich bewies, wir bewiesen ______________________________

____

____

____

5 *Das lang gesprochene i im Inlaut von Fremdwörtern wird mit **einfachem i** geschrieben.*
Welche dieser Wörter kennst du?

1. melodische Tonkunst .... die
2. mechanisches Gerät, z. B. Motor .... die
3. leichter Wind .... die
4. Großkatze .... der
5. Maßeinheit für Gewicht .... das
6. Flüssigkeitsmaß .... der
7. schwierige Zeit, z. B. für die Wirtschaft .... die
8. Filmtheater .... das
9. Motorentreibstoff .... das

Das Lösungswort bezeichnet ein Lebensmittel aus pflanzlichem Fett: ______________________________

TIPP

Wieder oder **wider**?

Zur Erinnerung: **Wieder** mit **ie** bedeutet *noch einmal, erneut.*
Wider mit einfachem **i** bedeutet *gegen, entgegen.*

6 *Fülle nun die Lücken in den folgenden Wörtern aus:*

W___derkehr, W___deraufbau, W___derholung, erw___dern, w___derbeleben, w___derum,

w___derwillig, W___dergutmachung, W___dersacher, w___derlegen, W___derstand, w___derspiegeln

s-Laute

!

Das **stimmlose s** schreibt man
- nach kurzem Vokal fast immer **ss**, z. B. *Wasser*;
- nach langem Vokal oder Diphthong **ß**, z. B. *Straße*, *reißen*;
- mit einfachem **s**, wenn es bei Verlängerung stimmhaft wird, z. B. *Gras – Gräser*, *Maus – Mäuse*.

Das **stimmhafte s** schreibt man immer **s**, z. B. *Nase*, *Senf*.

1 *Worträtsel*

1. das Gegenteil von klein ....
2. katholischer Gottesdienst ....
3. Teil des Gesichts ....
4. du kannst sie knacken ....
5. amtlicher Ausweis ....
6. ein anderes Wort für Pferd ....

Lösungswort von oben nach unten: ______________________________

2 *Ermittle die klangähnlichen Wörter und führe die Verlängerungsprobe mit dem Genitiv Singular oder Plural durch.*

Verlängerungsprobe		Verlängerungsprobe
der Spaß	des Spaßes	der Stei
das Gras	des Grases	der Rei
das Ma		der Schwei
das Gla		der Grei
der Strau		der Flei
die Mau		der Prei
der Klo		das Flo
das Moo		das Lo

!

Wechselt bei unregelmäßigen Verben die Vokallänge,
dann verändert sich die Schreibung des **stimmlosen s**.
Nach **kurzem Vokal** steht **ss**,
nach **langem Vokal** und **Diphthong** (*ei, eu, au*) steht **ß**, z. B.: *essen – aß* oder *gießen – goss*.

3 a) *Trage die richtigen Verbformen in die Tabelle ein.*
b) *Ergänze die dazugehörenden Nomen.*

Verb			Nomen
Infinitiv	**Präsens Singular**	**Präteritum Singular**	
essen	er isst	er aß	das Essen
genie en	sie genie t	sie geno	der
me en	er	er	das
schie en	sie	sie	der
fre en	es	es	das
schlie en	sie	sie	das
verge en	er	er	die
bei en	sie	sie	der
wi en	sie	sie	das
flie en	es	es	der
rei en	es	es	der
gie en	sie	sie	der
beschlie en	sie	sie	der
erla en	er	er	der
mü en	es	es	das

Lesetraining Balladen/Interpretierender Vortrag

Theodor Fontane
Die Brück am Tay

[...]

Auf der *Norder*seite, das Brückenhaus –
Alle Fenster sehen nach Süden aus,
Und die Brücknersleut ohne Rast und Ruh
Und in Bangen sehen nach Süden zu,
Sehen und warten, ob nicht ein Licht
Übers Wasser hin „Ich komme" spricht,
„Ich komme, trotz Nacht und Sturmesflug,
Ich, der Edinburger Zug."

Und der Brückner jetzt: „Ich seh einen Schein
Am anderen Ufer. Das muss er sein.
Nun, Mutter, weg mit dem bangen Traum,
Unser Johnie kommt und will seinen Baum,
Und was noch am Baume von Lichtern ist,
Zünd alles an wie zum Heiligen Christ,
Der will heuer *zweimal* mit uns sein –
Und in elf Minuten ist er herein."

Und es war der Zug. Am *Süder*turm
Keucht er vorbei jetzt gegen den Sturm,
Und Johnie spricht: „Die Brücke noch!
Aber was tut es, wir zwingen es doch.
Ein fester Kessel, ein doppelter Dampf,
Die bleiben Sieger in solchem Kampf.
Und wie's auch rast und ringt und rennt,
Wir kriegen es unter: das Element.

Und unser Stolz ist unsre Brück;
Ich lache, denk ich an früher zurück,
An all den Jammer und all die Not
Mit dem elend alten Schifferboot;
Wie manche liebe Christfestnacht
Hab ich im Fährhaus zugebracht
Und sah unsrer Fenster lichten Schein
Und zählte und konnte nicht drüben sein."

Auf der Norderseite, das Brückenhaus –
Alle Fenster sehen nach Süden aus,
Und die Brücknersleut ohne Rast und Ruh
Und in Bangen sehen nach Süden zu;
Denn wütender wurde der Winde Spiel,
Und jetzt, als ob Feuer vom Himmel fiel',
Erglüht es in niederschießender Pracht
Überm Wasser unten ... Und wieder ist Nacht.

[...]

1 *a) Lies die Ballade auf S. 91.*
b) Fasse den Inhalt der Ballade mit eigenen Worten zusammen.

2 *Untersuche den Inhalt der Ballade genauer. Ergänze die Tabelle und schreibe immer die Zeilenangaben dazu:*
a) Liste auf, welche Personen eingeführt werden.
b) Halte die Schauplätze fest und ordne sie den entsprechenden Personen zu.
c) Notiere zu jedem Schauplatz in Stichworten, welche Handlung sich dort abspielt.
d) Beschreibe die Stimmung der Personen in passenden Adjektiven und trage diese in die Tabelle ein.

Personen (Wer?)	Schauplatz (Wo?)	Handlung (Was?)	Stimmung/Eigenschaft (Wie?)	Zeilen-angabe

3 *In dieser Ballade findet sich eine Form bildhaften Sprechens: die Personifikation.*
Dem Zug wird eine menschliche Eigenschaft zugeschrieben. Trage den Zug unter der Spalte „Personen" in die Tabelle ein und ergänze Schauplatz, Handlung und Stimmung des Zuges.

4 *Zwei Strophen der Ballade beginnen mit identischen Versen, um dann verändert fortzufahren.*
a) Umrahme mit einem Farbstift, welche Verse gleich sind.
b) Beschreibe die Wirkung der Wiederholung und erkläre die Abweichung in der zweiten Strophe. Schreibe dazu zwei Sätze.

5 *In der Ballade werden keine Ursachen für die beschriebene Katastrophe genannt. Überlege, was sie bewirkt haben könnte und schreibe deine Vermutung in Stichworten in dein Heft.*

Theodor Fontane

Die Brück am Tay (28. Dezember 1879)

When shall we three meet again?
Macbeth

„Wann treffen wir drei wieder zusamm?"
„Um die siebente Stund am Brückendamm".
„Am Mittelpfeiler."
„Ich lösche die Flamm."
„Ich mit."
„Ich komme von Norden her."
„Und ich vom Süden."
„Und ich vom Meer."
„Hei, das gibt einen Ringelreihn,
Und die Brücke muss in den Grund hinein."

„Und der Zug, der in die Brücke tritt
Um die siebente Stund'?"
„Ei, der muss mit."
„Muss mit."
„Tand, Tand
ist das Gebilde von Menschenhand!"

*

Auf der *Norder*seite, das Brückenhaus –
Alle Fenster sehen nach Süden aus,
Und die Brücknersleut ohne Rast und Ruh
Und in Bangen sehen nach Süden zu,
Sehen und warten, ob nicht ein Licht
Übers Wasser hin „Ich komme" spricht,
„Ich komme, trotz Nacht und Sturmesflug,
Ich, der Edinburger Zug."

Und der Brückner jetzt: „Ich seh einen Schein
Am anderen Ufer. Das muss er sein.
Nun, Mutter, weg mit dem bangen Traum,
Unser Johnie kommt und will seinen Baum,
Und was noch am Baume von Lichtern ist,
Zünd alles an wie zum Heiligen Christ,
Der will heuer *zweimal* mit uns sein –
Und in elf Minuten ist er herein."

Und es war der Zug. Am *Süder*turm
Keucht er vorbei jetzt gegen den Sturm,
Und Johnie spricht: „Die Brücke noch!
Aber was tut es, wir zwingen es doch.
Ein fester Kessel, ein doppelter Dampf,
Die bleiben Sieger in solchem Kampf.
Und wie's auch rast und ringt und rennt,
Wir kriegen es unter: das Element.

Und unser Stolz ist unsre Brück;
Ich lache, denk ich an früher zurück,
An all den Jammer und all die Not
Mit dem elend alten Schifferboot;
Wie manche liebe Christfestnacht
Hab ich im Fährhaus zugebracht
Und sah unsrer Fenster lichten Schein
Und zählte und konnte nicht drüben sein."

Auf der Norderseite, das Brückenhaus –
Alle Fenster sehen nach Süden aus,
Und die Brücknersleut ohne Rast und Ruh
Und in Bangen sehen nach Süden zu;
Denn wütender wurde der Winde Spiel,
Und jetzt, als ob Feuer vom Himmel fiel',
Erglüht es in niederschießender Pracht
Überm Wasser unten ... Und wieder ist Nacht.

*

„Wann treffen wir drei zusamm?"
„Um Mitternacht, am Bergeskamm."
„Auf dem hohen Moor, am Erlenstamm."
„Ich komme."
„Ich mit."
„Ich nenn euch die Zahl."
„Und ich die Namen."
„Und ich die Qual."
„Hei!
Wie Splitter brach das Gebälk entzwei."
„Tand, Tand
Ist das Gebilde von Menschenhand."

6 *Untersuche den grün hervorgehobenen Rahmentext.*
a) *Stelle fest, wie viele Sprecher oder Sprecherinnen vorkommen. Stelle Vermutungen an, wer diese Sprecher oder Sprecherinnen sein könnten.*
b) *Beschreibe den Satzbau.*
c) *Lies den Rahmen-Text laut und beschreibe, mit welchen Mitteln hier ein Hörerlebnis geschaffen wird, z. B. Lautmalerei, Wiederholungen, besondere Wortwahl ...*
d) *Formuliere eine Vermutung: Welche Aufgabe hat der Rahmentext in Bezug auf das Geschehen auf der Brücke?*

7 *Übe einen wirkungsvollen Vortrag ein. Achte darauf, dass alle Sprecher und Sprecherinnen charakteristisch dargestellt werden.*

Gestalterisches Schreiben

> **!** Beim gestalterischen Schreiben kannst du mit Worten „malen", mit Sprache ein stimmungsvolles Bild entwerfen. Adjektive, Vergleiche und vor allem treffende Verben machen einen Text besonders anschaulich. Damit der Leser/die Leserin die Stimmung einer Situation besonders gut nachempfinden kann, schildert man Sinneseindrücke (Hören, Sehen, Riechen, Spüren/Fühlen).

Eichendorffs Novelle „Aus dem Leben eines Taugenichts" (1826) wird der Romantik zugerechnet, einer literarischen Strömung zu Beginn des 19. Jahrhunderts. In „romantischen" Erzähltexten drückt sich die Empfindung der Menschen häufig in Naturschilderungen aus.

Joseph von Eichendorff

Am Morgen

Das Rad an meines Vaters Mühle brauste und rauschte schon wieder recht lustig, der Schnee tröpfelte emsig vom Dache, die Sperlinge zwitscherten und tummelten sich dazwischen; ich saß auf der Türschwelle und wischte mir den Schlaf aus den Augen; mir war so recht wohl in dem warmen Sonnenscheine. [...]
Es war mir kurz vorher eingefallen, auf Reisen zu gehen, da ich die Goldammer nun in der schönen Frühlingszeit wieder ganz stolz und lustig vom Baume rufen hörte.

Gegen Mittag

Wie aber denn nun die Sonne immer höher stieg, rings am Horizont schwere weiße Mittagswolken aufstiegen und alles in der Luft und auf der weiten Fläche so leer und schwül und still wurde über den leise wogenden Kornfeldern, da fiel mir erst wieder mein Dorf ein. Mir war dabei so kurios zumute, als müsst' ich wieder umkehren.

Sinneswahrnehmung

hören

1 *Eichendorff charakterisiert die heitere Aufbruchsstimmung am Morgen und die niedergeschlagene Stimmung gegen Mittag.*
- a) *Unterstreiche die sprachlichen Gestaltungsmittel (z. B. anschauliche Verben und Adjektive), mit denen diese Stimmungen besonders ausdrucksvoll geschildert werden.*
- b) *Welche Sinneswahrnehmungen – Hören, Sehen, Riechen, Spüren (Fühlen) – werden im Text genannt? Notiere jeweils in der Randspalte, welche Sinneswahrnehmung du erkennst.*

2
- a) *Erinnere dich an den gestrigen Morgen und den Mittag: Was hast du gesehen? War etwas zu hören: im Radio, im Fernsehen, auf der Straße? Lag ein besonderer Geruch oder gar Duft in der Luft? Hast du jemanden getroffen? An was hast du gedacht? Hattest du Erinnerungen, Erwartungen oder Befürchtungen? Schreibe deine Assoziationen ungeordnet auf ein Blatt Papier.*
- b) *Ordne deine Assoziationen und schreibe einen zusammenhängenden Text über den gewählten Zeitraum und dein Erleben.*
- c) *Überarbeite deinen Text. Streiche, wo nötig, Wörter oder ersetze sie durch treffendere Ausdrücke.*
- d) *Lies deinen Text nach einigen Stunden oder Tagen noch einmal durch und überarbeite ihn erneut.*

Nach einem Text von Heinrich von Kleist

____

Wir hatten hier vor einigen Tagen dies Schauspiel – o es war eine prächtige Szene! Im Westen stand __________ __________ und wütete wie ein Tyrann und von Osten stieg __________ herauf, ruhig und schweigend wie ein Held. Und seine __________ warf ihm __________ zischend zu und schalt ihn laut mit der Stimme des Donners – er aber schwieg, der __________ , und stieg herauf und blickte mit Hoheit herab auf __________ und sah sich tröstend um nach __________ , die ihn umgeben, als ob er seine Freunde beruhigen wollte. – Und einen letzten fürchterlichen Donnerschlag schleuderte ihm __________ entgegen, als ob es seinen ganzen Vorrat an Galle und Geifer mit einem Funken ausspeien wollte – aber __________ wankte nicht und nahte sich unerschrocken und bestieg __________ und blass, wie vor Schreck, __________ und zerstob wie dünner Rauch und sank unter dem Horizont, wenige schwache Flüche murmelnd.

1 a) *Überlege dir, worum es in dem Textausschnitt gehen könnte. Formuliere eine aussagekräftige Überschrift.*
b) *Vervollständige den Text, indem du die Lücken ergänzt.*

TIPP

Eine besondere Form bildhaften Sprechens ist die **Personifikation**, das heißt, dass Pflanzen, Tieren oder Gegenständen menschliche Verhaltensweisen und Eigenschaften zugesprochen werden.

2 *Schreibe selbst einen Text, in dem du Pflanzen, Tiere oder Gegenstände eine typisch menschliche Handlung vollziehen lässt.*

Autoren- und Quellenverzeichnis

S. 41f: BICHSEL, PETER: Der Mann mit dem Gedächtnis. Aus: Kindergeschichten. Suhrkamp Verlag, Frankfurt/M. 1997, S. 57–64; **S. 75:** BODLEY, R.V.C.: Der Sandsturm. In: Geschichten aus aller Welt. Lesehefte zur Erdkunde, Bd. „Afrika“. Hg. von Hans Weber. Cornelsen, Berlin 1997; **S. 94:** EICHENDORFF, JOSEPH VON: Am Morgen. Gegen Mittag. Aus: Aus dem Leben eines Taugenichts. In: Stationen der Literatur. Hg. von Heinrich Biermann/Bernd Schurf. Cornelsen, Berlin 1993, S. 7–9; **S. 91, 93:** FONTANE, THEODOR: Die Brück am Tay. Aus: Werke in drei Bänden. Hg. von K. Schreinert. Nymphenburger Verlagshaus, München 1968; **S. 66:** HEIDENREICH, ELKE: Sonst noch was. Mit Bildern von Bernd Pfarr. Hanser Verlag, München, Wien **1999**, S. 15–18; **S. 50:** HERFURTNER, RUDOLF: Seifenkistenrennen. Aus: Mensch Karnickel. dtv, München 1996, S. 104f.; **S. 16:** HEUCK, SIGRID: Meister Joachims Geheimnis. Thienemann, Stuttgart 1989, S. 11–15, S. 215; **S. 65:** KING, MARTIN LUTHER: „I have a dream“. Aus: Anstiftung zur Courage. Von mutigen Menschen. Hg. v. Annemarie Stoltenberg. Rowohlt TB, Reinbek bei Hamburg 1997; **S. 95:** KLEIST, HEINRICH VON: Gewitter am Morgen. Nach: Sämtliche Werke und Briefe. Zweiter Band. Hg. v. Helmut Sembdner. Hanser Verlag, München 1952, S. 593; **S. 8f.:** KLUGER, MARTIN: Augsburg. Aus: Augsburg. Der offizielle Stadtführer der Region Augsburg. Wißner, Augsburg 2003; **S. 47:** KÖCK, CHRISTOPH: Trekking im Himalaja. Aus: Endlich Urlaub! Die Deutschen reisen. Begleitbuch zur Ausstellung im Haus der Geschichte der Bundesrepublik Deutschland, Bonn. 6.6.–18.10.1996. Hg. v. Stiftung Haus der Geschichte der Bundesrepublik Deutschland. Dumont, Köln 1996, S. 59f.; **S. 51:** KREYSER, GERT: Gefährlicher Urlaub. In: Süddeutsche Zeitung, 23.7.1976; **S. 48:** MANKELL, HENNING: Die Schatten wachsen in der Dämmerung. Übers. v. Angelika Kutsch dtv, München 2002, S. 34–36; **S. 13:** MANN, THOMAS: Die Figur des Lorenzo. Nach: Fiorenza. In: Gesammelte Werke. Bd. VIII. S. Fischer Verlag, Frankfurt/M. 1960, S. 1019; **S. 4:** MEYER, CONRAD FERDINAND: Die Füße im Feuer. Aus: Sämtliche Werke. Droemer Verlagsanstalt, München o.J.; **S. 15:** MORUS, THOMAS: Die Stadt Amauratum. Aus: Der utopische Staat. Übers. und hrsg. von Klaus J. Heinisch. Rowohlt, Hamburg 1998, S. 51; **S. 21:** NEUHÄUSER, GABI: Beruf: Maskenbildner. Aus: www.geolino.de (Feld: Menschen/Berufe); **S. 81:** OZ, AMOS: Panther im Keller. Übers. v. Loos, Vera und Nir-Bleimling, Naomi. dtv, München 2003, S. 50–52; **S. 61:** PAUSEWANG, GUDRUN: Die Not der Familie Caldera. Otto Maier Verlag, Ravensburg 1980; **S. 28:** RHUE, MORTON: Die Welle. Ravensburger 1987, S. 7; **S. 45:** SCHREIBER, MATHIAS: Demokratie. Aus: Ein Steinbock steht im Zimmer. Luchterhand Verlag, Neuwied 1967; **S. 77:** ÜBERLACKER, ERICH: Mit Raketen in den Weltraum. Nach: Planeten und Raumfahrt. Was ist Was, Bd. 16. Nürnberg 2001, S. 14; **S. 64:** VALENTIN, KARL: Die Maus. Riesenblödsinn. Eine Auswahl aus dem Werk. Fischer Taschenbuch Verlag, Frankfurt/M. 1983, S. 60f.; **S. 43:** WIMMER, CHRISTIANE: Nürnberger Modell mit Vorbildcharakter. Aus: Die Welt, 3.7.2000; **S. 56:** Warum friert man leicht, wenn man im Sommer nach dem Schwimmen aus dem Wasser kommt? **S. 57:** Warum tragen wir im Winter Wollsachen?; Wie kann man sich ein Thermometer selbst machen? Alle drei Texte nach: Fritz Hermanns/Edith Zündel: Was ist das? Das große Experimentierbuch. Tessloff Verlag, Hamburg 1969; **S. 63:** Karl Valentin – Wortkünstler und Komödiant. Nach: Das Valentin-Buch. Hg. v. Michael Schulte. Piper, München, Zürich 1984, S. 10f. bzw. S. 465; **S. 72:** Interview mit Tina Theume-Meyer. Aus: www.spiegel.de/sport/fussball/0.1518.269403.00.html

Bildquellenverzeichnis

S. 3, 13 , 84: akg-images **S. 14, 20:** Fotos: Blauel/Artothek; **S. 8:** Rudolf Schlichter: Bert Brecht mit Zigarre © Viola Roehr von Alvensleben, München/Foto: Artothek; **S. 9–11:** Concret Werbeagentur, Augsburg; **S. 17:** BPK; **S. 21, 22, 50, 63, 72, 75:** Foto: dpa; **S. 28:** © dtv; **S. 35:** Gerd Ohnesorge für © Tessloff 1999, Nürnberg, aus WAS IST WAS Bd. 57 Vulkane; **S. 48:** alle Titelbilder: Oetinger, Hamburg; **S. 54, 55, 65, 72:** Fotos: ullsteinbild; **S. 61:** Cover des Buches: Gudrun Pausewang, Die Not der Familie Caldera, Umschlagillustration Gabie Hilgert, © 1997 Ravensburger Buchverlag Otto Maier GmbH, Ravensburg; **S. 66, 67:** Bernd Pfarr für © Carl Hanser Verlag 1999; **S. 71:** Asterix © Ehapa Verlag GmbH 1977; **S. 77:** Tessloff 2001, Nürnberg, aus WAS IST WAS Bd. 16 Planeten und Raumfahrt; **S. 81:** Amos Oz: Panther im Keller © für das Umschlagbild von Quint Buchholz 2003 dtv, München; **S. 87, 88:** Lucky Luke © Delta Verlag, Stuttgart; **S. 91:** University of St. Andrews

Zu diesem Arbeitsheft gibt es einen passenden Schulaufgabentrainer (ISBN 978-3-464-60388-8)
und das Grundwissen zum Nachschlagen (ISBN 978-3-464-60376-5).

Impressum

Die Grundlage für dieses Werk wurde erarbeitet von:
Jan Diehm, Christel Ellerich, Cordula Grunow, Angela Mielke und Andrea Wagener

Redaktion: lüra – Klemt & Mues GbR, Wuppertal

Illustrationen: Thomas Binder, Klaus Ensikat, Amelie Glienke, Wolfgang Mond, Friederike Rave, Barbara Schumann
Umschlaggestaltung: Katharina Wolff (Foto: Thomas Schulz, Illustration: Sylvia Graupner)
Technische Umsetzung: Anna-Maria Klages, Wuppertal

www.cornelsen.de

Druck: Parzeller print & media GmbH & Co. KG, Fulda

Ausgabe ohne CD
2. Auflage, 9. Druck 2015

ISBN 978-3-464-60359-8

Ausgabe mit CD
1. Auflage, 3. Druck 2013

ISBN 978-3-464-60416-8

PEFC/04-31-1308

PEFC zertifiziert
Dieses Produkt stammt aus nachhaltig bewirtschafteten Wäldern und kontrollierten Quellen.

www.pefc.de